本书由广西高校人文社会科学重点研究基地“区域社会治理创新研究中心”资助出版

本书是广西哲学社会科学规划研究课题“权益保障视域下促进广西农业转移人口宅基地退出政策研究”（批准号：15CGL002）的成果

权益保障视域下宅基地退出政策研究

韦彩玲　著

知识产权出版社
全国百佳图书出版单位
—北京—

图书在版编目（CIP）数据

权益保障视域下宅基地退出政策研究 / 韦彩玲著．—北京：知识产权出版社，2020.4
ISBN 978-7-5130-6828-4

Ⅰ.①权… Ⅱ.①韦… Ⅲ.①农村住宅－住宅建设－土地政策－研究－广西 Ⅳ.①F321.1

中国版本图书馆CIP数据核字(2020)第043189号

内容提要

当前我国城市化进程中，土地需求日益增强的现实与农业转移人口两栖占地的普遍现象的矛盾凸显，如何激发或促进农业转移人口自愿退出闲置的宅基地是极其重要的课题。

本书紧紧抓住“农民权益保障”理念，通过对农业转移人口宅基地退出意愿进行实证分析，剖析影响宅基地退出意愿的关键因素，可以为地方政府推进农村宅基地流转制度创新做有益的理论准备，有助于丰富农村宅基地流转的理论研究。

责任编辑：李小娟　　**责任印制**：孙婷婷

权益保障视域下宅基地退出政策研究

QUANYI BAOZHANG SHIYUXIA ZHAIJIDI TUICHU ZHENGCE YANJIU

韦彩玲　著

出版发行：知识产权出版社有限责任公司	**网　　址**：http：//www.ipph.cn
电　　话：010－82004826	http：//www.laichushu.com
社　　址：北京市海淀区气象路50号院	**邮　　编**：100081
责编电话：010－82000860转8531	**责编邮箱**：lixiaojuan@cnipr.com
发行电话：010－82000860转8101	**发行传真**：010－82000893
印　　刷：北京建宏印刷有限公司	**经　　销**：各大网上书店、新华书店及相关专业书店
开　　本：720mm×1000mm　1/16	**印　　张**：7.5
版　　次：2020年4月第1版	**印　　次**：2020年4月第1次印刷
字　　数：150千字	**定　　价**：69.00元

ISBN 978-7-5130-6828-4

目　录

绪　论

一、选题背景及研究意义

（一）选题背景

2009 年 12 月，中央经济工作会议最先提出和使用了“农业转移人口”这一概念，并且明确指出：“要把解决符合条件的农业转移人口逐步在城镇就业和落户作为推进城镇化的重要任务。”随着农业转移人口的提出及政策、资源的倾斜，我国城镇化水平不断提高，农业转移人口可能越来越多。2013 年，我国城镇化率从 45.9% 提升到 52.6%，中国城乡结构由此发生了历史性改变，走上以人为核心的新型城镇化之路。党的十八大报告强调：“提高新型城镇化质量；促进农村移风易俗；探索宅基地所有权、资格权、使用权分置改革。”党的十九大报告明确提出，乡村振兴战略，巩固和完善农村基本经营制度，深化农村土地制度改革，完善承包地“三权分置”制度。随着城镇化进程的加快，农村人口涌入城镇务工或定居，造成农村宅基地的闲置和低效利用。广西地形多为山地丘陵，耕地资源较少，随着城镇化水平的不断提升，城镇的发展建设需求进一步扩大。闲置的农村宅基地的合理退出并对其复垦，能够盘活农村宅基地资源，为城镇发展提供空间，缓解城乡用地矛盾。同时，农业转移人口农村宅基地退出也在一定程度上有效地保障了农民的土地财产权。农业转移人口退出宅基地后，能够得到科学合理的补偿资金，之后可以凭借这笔资金到城镇购房，在城镇获得更好的生活条件，由此体现出对农民土地财产权的保障，凸显了宅基地的资产功能。

目前，农村宅基地退出处于各地探索和试点阶段。近年来，我国虽然不断地完善宅基地退出的相关政策，但诸多文献通过实地调研均发现农户退出宅基地意愿没有预期的高。宅基地退出在现实中面临着政府积极性高涨和农户低退出意愿的矛盾。国家在公共政策层面上明确指出“宅基地退出要尊重农户意愿”。现实中绝大部分农业转移人口在城镇和农村“两栖占地”。当前我国城镇化进程中，土地需求日益增强的现实，使得农业转移人口两栖占地的普遍现象成为亟须解决的问题。基于此，如何激发或促进农业转移人口自愿退出闲置的宅基地是极其重要的课题。在充分了解国家的农村土地政策的前提下，结合广西区情研究农村宅基地退出的政策，是乡村振兴的重要举措。

（二）研究意义

随着国土资源部推出的“城乡建设用地增减挂钩”政策试点的成功，大力推动宅基地退出，将农村大量闲置的宅基地转化为城市建设用地成为各地方政府的通行做法。目前，国内尚未形成比较公认的宅基地退出模式，各地都在积极地进行实践探索，力求制定适合本区域的宅基地退出政策。因此，本书具有较大的理论价值和实践意义。

（1）理论价值。

丰富农村宅基地流转理论。农村宅基地制度的法律、法规已呈现理论滞后于实践的状况。本书紧紧抓住“农民权益保障”理念，从政策层面推动广西农业转移人口主动且有序地退出宅基地，可以为地方政府推进农村宅基地流转制度创新做有益的理论准备，有可能进一步完善、丰富农村宅基地流转的理论研究。

（2）实践意义。

第一，为实施“城乡建设用地增减挂钩”政策提供经验借鉴。宅基地退出是实施“城乡建设用地增减挂钩”政策的主要内容，本书从宏观层面出发，深入微观层面，从量化的角度准确地把握广西农业转移人口宅基地退出中存在的突出问题，剖析原因，探讨可能的解决途径，有助于地方政府制定科学合理的城乡建设用地增减挂钩的实施方案，有助于地方政府在推行“城乡建设用地增减挂钩”政策方面慎重决策。

第二，为宅基地制度改革提供依据和建议。本书以“保障农民权益”为研究视域，通过科学的抽样调查了解广西农业转移人口退出宅基地的可行性、真实需求及存在的问题，可以为广西农村宅基地改革提供现实依据，为制定科学有效的宅基地退出政策提供建议。

二、国内外研究综述

（一）国外研究综述

（1）关于土地产权与土地交易的研究。国外关于土地制度的研究主要集中在土地产权基本理论和土地交易现状与效率的研究上。西方的土地产权理论认为，明确土地产权是土地合理使用的基础，界限清晰的土地产权可以使土地资源各利益相关主体减少不必要的纷争，促进土地资源的高效集约利用。科斯（coase）的研究表明了交易成本和土地产权对土地交易的重要。他认为："明确土地产权，交易各方可以很好地解决土地交易的'外部性'问题，实现帕累托最优。"[①] 马克思认为，土地产权（所有权）是经济条件和历史范畴的政治和法律表现[②]。费德（Feder）和费尼（Feeney）通过研究表明，产权明晰度对交易成本和土地要素的优先分配具有重大影响，从而提高了农业生产率[③]。卡特里娜·毛兰（Katrina Mullan）认为，农村土地产权安排与中国农村劳动力转移之间存在一定的紧张关系，土地产权清晰度不足将影响经济效率，影响经济的进一步发展[④]。韦仕墩（Wegern）对俄罗斯的土地交易状况研究表明，由于俄罗斯的土地私有化，农村土地交易十分活跃[⑤]。维卡斯（Vikas）在 20 世纪 70 年代对印度土地交易系统的研究发现，印度政府为了保护农民的合法权益，交易改革中有许多替代渠道和方法，但农民选择的土地交易较少[⑥]。丁成日等认为，土地所有权的转让可以降低土地投资的风险心理，提高资源配置效率[⑦]。

（2）市场机制在土地交易中的作用。西方发达国家的土地制度大多是建立在物权法基础上的，所有者和使用者的权利与义务都由严格的法律予以规范，而且市场体系较完善，市场机制是资源配置的主要手段，物权流转不受限制。麦克

---

① COASE R H. The nature of the firm [J]. Economic，1937，11（4）：386-405.

② 马克思，恩格斯 . 马克思恩格斯全集：第三卷 [M]. 北京：人民出版社，1960.

③ FEDERG，FEENEY D.The theory of land tenure and property rights[J]. World bank economic review，1993，5（1）：57.

④ MULLAN K.Land tenure arrangements and rural-urban migration in China[J].World development，2011（1）.

⑤ WEGEREN S K.Why rural russians participate in the land market：socio-economic factors[J].Poet communist Economics，2003，15（4）：483-501.

⑥ VICAS R.Agrarian reform and land markets：a study of land transactions in two villages of west bengal，1997-1995[J].Economic development and culture change，2001（7）：611-629.

⑦ CHENGRI-DING.Land policy reform in China：assessment and prospects[J].Land use policy，2003（20）：109-120.

米伦（Macmillan）提出在自由市场交易情况下，应借助政府财政投资干预，增加土地市场及土地利用的稳定性。利塞茨（Lisec）则认为，应通过建立规范化的农村土地交易程序，并尽量简化这种程序，实现降低交易成本的目的，从而促使农村土地市场秩序化、合理化发展。章斯（Chancy）认为，市场开放程度在乡村住宅流转与距离差异之间扮演重要角色，“市场开放程度越高”农村住宅远距离流转比例增加越多。

（3）土地流转方面的研究。第一位对租金理论进行系统研究的学者是亚当·斯密，他认为，租金是农民根据土地实际情况给出的最高价格[①]。后来马克思总结并完善了租金理论。科斯对土地流转制度的研究认为，只要交易成本在其他条件下为零，就可以实现资源的有效配置[②]。阿尔奇安和德姆塞茨认为，制约土地流转的关键性因素是土地产权稳定性，而决定土地产权稳定性的主要因素则是地权稳定性[③]。张韦唯认为，美国是以市场经济为原则，通过综合运用政策、制度等来推进土地流转。约书亚·M. 杜克（Joshua M. Duke）认为，政府干预是对中欧和东欧国家的土地租赁影响较大的因素。维卡斯（Vikas）认为，在印度，对其土地租赁市场的活跃度具有显著影响的因素是土地登记。宋金云对越南进行分析认为，越南虽然是土地公有制国家，但是农民拥有比较完整的物权，从而农民有权利对其拥有的宅基地进行交易。美国学者兰德尔（Randall）认为，若要引导土地市场的健康发展，还需要制定一个可操作性强的土地政策，而且还能推进实施土地规划。因此，虽然国情不同，但是我们可以学习西方国家关于保障农户土地及住房权益方面的经验，借鉴西方国家的先进理念，完善我国的宅基地退出制度。

（4）东欧经济转型国家农村居民点或城乡边缘带用地变化状况研究。东欧经济转型国家，如波兰因为农业生产下降、土地立法权力下放，对土地私人控制放松是致使东欧经济转型国家的耕地面积越来越少，而农村居民点日益增长的关键原因[④]。但是，在许多经济发展较快的城市，瓦西莱夫斯基（Wasilcwski）指

---

① SMITH A.The theory of moral sentiments[M].Penguin，2010;SMITH A，NICHOLSON J S.An inquiry into the nature and causes of the wealth of nations.[M]. UK：University of Chicago Press，1887.

② COASE R H.The nature of the firm[J].Economica，1937（4）：386-405.

③ ALCHIAN A A，DEMSETZ H.Production，information costs，and economic organization[J].The American economic review，1972：777-795.

④ WASILEWSKI A，KRUKOWSKI K . Land conversion for suburban housing：a study of urbanization around Warsaw and Olsztyn，Poland[J]. Environmental management，2004，34.（2）.

出，罗马、新德里等大城市由于不能提供足够的住房给大量移民，导致移民从大土地所有者手中以较低价格在农业区附近购买大房子或在没有建筑许可条件下自助建造小住房，导致许多耕地面积被挪用、农用地大量消失。沃尔科克·克里希赫（Volkcr Krcihich）指出，波兰农村居民点用地大量增加的主要原因是农用地减少，而农用地减少是由农业生产下降，土地立法权力下放，土地私人控制减弱造成的。格鲁特（Groot）通过对荷兰农村住宅市场调查发现，尽管本地农村居民的收入可能低于外来人员，但因与本地环境关系紧密，反而更容易在首选位置找到定居点，而外来人员则更亲近于在更便于进入城市的地方生活，因而变动性较大，带动了农村土地市场的活跃性。

（5）荷兰土地管理政策的研究。荷兰在土地管理方面的经验对我国宅基地退出政策可以说有重要意义。因为荷兰在城市化进程中，面临着同样的耕地资源保护问题，这与我国所面临的现状是相似的。荷兰位于欧洲西北部，高密度的人口存在着对土地的大量的需求[①]。一直以来，荷兰政府都是密切参与土地开发与规范性用地中的。荷兰的土地管理政策是积极通过对市场进行干预，从而使土地资源利用最大化，而且荷兰在保障农户利益方面也有着独立且完善的司法体系。

在荷兰，政府、农户、私人投资者等不同利益主体的行为选择在宅基地退出过程中是根据社会经济条件的变化而变化的。荷兰的宅基地退出要满足两个条件，一是符合空间规划；二是政府享有土地优先购买权。如果农民想出售土地，只要政府愿意购买，就只能出售给政府。在批准了用地计划之后，政府开始对规划范围内的农用地进行购买[②]。在购买过程中，政府通常与农民协商，以达到双方都满意的价格。但是如果这个过程谈判失败，政府可以采取强制购买方式，对农民造成的损失由法庭判决予以补偿。一般而言，政府将以法院可预见判决的强制性价格为基础，确定稍高的谈判价格。地方政府有权决定如何使用土地，土地使用权始终掌握在地方政府手中，只要地方政府的计划得到批准，其他任何级别的政府都无权做出改变。此外，在制定土地利用空间规划的过程中，荷兰确保了公众参与的充分性和信息披露的透明度，很大程度地避免了在规划实施过程中的一些违规行为。

① 德沃尔夫，贺璟寰 . 荷兰土地政策解析 [J]. 国际城市规划，2011（3）.

② NEEDHAM B.A theory of land price when land is supplied publicly：the case of the Netherlands[J].Urban studies，1992，29：669-686.

荷兰的经验提供了一种“政府为主、市场为辅”的土地管理机制①，从而使农民的权益得到保障。因此，荷兰的这一土地管理经验对我国农业转移人口宅基地退出政策研究具有一定的借鉴意义。

（二）国内研究综述

农村宅基地作为农村建设用地的重要组成部分，促进粗放利用的农村宅基地退出，成为各地方政府关注的主要目标。通过对宅基地退出相关文献的梳理，研究成果主要有以下几个方面。

（1）农村宅基地退出内涵和模式研究。宅基地退出研究处于实践阶段，学术界尚未对宅基地退出的内涵形成一致的观点。欧阳安蛟、蔡锋铭等认为，农村宅基地退出包括有条件的农民自愿退出，农村集体对违法宅基地的强制收回，政府推动下的农村宅基地整理、复垦、置换；张秀智等则认为，农村宅基地退出包括宅基地整理复垦为耕地、农民主动退出、宅基地流转。岳永兵认为，宅基地退出的内涵可以理解为宅基地所有权人（使用权人）依据自愿有偿原则，将宅基地所有权（使用权）让渡给其他主体或使宅基地用途发生变化，不再承担保障农民居住功能的行为②。吕军书、翁晓宇认为，宅基地退出是农户的一种自主选择行为，是指农村集体经济组织中的部分成员利用有偿自愿放弃或者转让的方式让渡本来占有的宅基地使用权，另外，如果宅基地上建有建筑物也要一并放弃或者转让。张勇认为，农村宅基地退出的思路是在落实宅基地集体所有权和保障农户宅基地资格权的前提下，放活宅基地使用权。根据相关制度的规定，我国农村宅基地退出方式可分为两类：正式制度规定下的宅基地退出方式，主要包括土地征收下的被动退出和农村集体内部的相互转让；非正式制度下的退出方式，主要是指政策推动下的退出，如“城乡建设用地增减挂钩”政策下和新农村建设过程中的农村“宅基地置换”“宅基地整理”“拆村并点”等形式。由于宅基地退出具有较强的区域差异，从而形成不同的退出模式。卢艳霞等总结了浙江省农村宅基地退出的三种模式：拆除危改旧建新宅退出模式、下山移民建新宅退出模式、两分两换建两新退出模式。蔡国立等对全国各地较为典型的退出模式提炼为：宅基地置换、宅基地流转、宅基地指标“虚拟化”交易。徐小峰根据宅基地退出的组织主

① 高伟．农村宅基地退出机制创新研究：荷兰经验及启示 [J]. 城市地理，2017（3X）：224.

② 岳永兵．宅基地退出：内涵、模式与机制建立 [J]. 改革与战略，2016（11）.

体不同将其形式分为：政府主导型、村民自发型、企业推动型、市场配置型。张长春等将实践中的宅基地退出模式提炼为：城镇化村庄改造模式、村庄内部改造模式、整体搬迁改造模式、中心村建设模式。岳永兵总结了新的宅基地退出模式：政府主导的宅基地置换、有限市场主导的宅基地使用权转让、村集体主导的用途改变、经济激励下的隐性退出模式。[①] 胡银根、王聪等从不同治理结构产生的交易费用差异性视角，揭示不同治理结构下宅基地有偿退出的三种典型模式："货币 + 宅基地""货币 + 购房补贴""资产置换"模式。[②]

（2）宅基地退出制度和政策。黄健元等认为，我国从 2000 年开始，陆续出台了多项有关宅基地退出制度的安排，特别是在 2012 年以后连续出台一系列政策性或指导性宅基地相关文件，政府已经慢慢意识到宅基地退出的重要性。[③] 杨毅斌等指出，我国宅基地政策从允许农村宅基地自由流转阶段转变为严禁农户向城镇居民出售、出租宅基地及房屋阶段，最后到农村宅基地有偿退出的试点和探索阶段。[④] 我国在 2015 年出台了《关于农村土地征收、集体经营性建设用地入市、宅基地制度改革试点工作的意见》的政策，其中提出将对 15 个试点地区进行宅基地制度改革，深度探索进城农民自愿有偿退出或转让宅基地。在 2016 年中央一号文件中提出，要支持引导农民依法自愿有偿转让宅基地使用权等权益。2016 年 10 月，国土资源部在《关于建立城镇建设用地增加规模同吸纳农业转移人口落户数量挂钩机制的实施意见》中提出，允许进城落户人员在本集体经济组织内部自愿有偿退出或转让宅基地。[⑤]

（3）宅基地退出影响因素。在王静等看来，影响农户宅基地退出因素有，现有工作的不便、城镇房价和生活成本高、户主的年龄差异及宅基地退出获取的补偿方式和金额。[⑥] 朱新华认为，影响农户宅基地退出意愿的关键因素是现行的户籍制度。例如，现行的户籍制度不利于农业转移人口获得良好的社会福利保障

---

① 岳永兵 . 宅基地退出：内涵、模式与机制建立 [J]. 改革与战略，2016（11）.

② 胡银根，王聪，廖成泉，等 . 不同治理结构下农村宅基地有偿退出模式探析——以金寨、蓟州、义乌 3 个典型试点为例 [J]. 资源开发与市场，2017，33（12）.

③ 黄健元，梁皓 . 农村宅基地退出制度的源起、现实困境及路径选择 [J]. 青海社会科学，2017（6）.

④ 杨毅斌，蔡旻君 . 我国农村宅基地退出的政策演变 [J]. 法制博览，2018（1）.

⑤ 胡银根，王聪，廖成泉，等 . 不同治理结构下农村宅基地有偿退出模式探析——以金寨、蓟州、义乌 3 个典型试点为例 [J]. 资源开发与市场，2017，33（12）.

⑥ 王静，于战平，李卉 . 农户宅基地退出意愿及其影响因素分析——基于王口镇和独流镇的调查 [J]. 农村经济，2015（1）.

支持等。[①]杨玉珍通过对宅基地的深入研究，得出政府在宅基地退出过程中应进行适当的政策引导与解读，消除不同经济水平和文化水平农户的认知偏差。[②]在罗伟玲、刘禹麒的研究中，以宅基地权益为基础，分析了农村宅基地权益现状，指出宅基地使用者享有对宅基地的长期使用权，并分析了宅基地权利主体的损失，指出农业转移人口在宅基地退出后，宅基地保障功能缺失，是影响农业转移人口宅基地退出的重要因素。宅基地退出影响因素的研究大多集中在实证研究层面。陈霄利用重庆市“两翼”地区1012户农户的调查数据，建立Probit模型进行分析，认为农民的年龄、受教育程度、家庭收入状况、家庭需赡养的老人数量、宅基地退出补偿方式的多样性选择对农民宅基地退出意愿有正向影响；家庭成员务工工作变换频率、家庭需抚养的子女数量、现有住房面积、宅基地面积对农民宅基地退出意愿有负向影响。张怡然、邱道持等基于重庆市开县357份农民工的调查，分析了农民工进城落户与宅基地退出的影响因素，宅基地的保障功能、经济补偿期望值、家庭经济收入状况、技能培训状况、家庭赡养人口状况等因素显著影响农民工宅基地退出意愿。海龙在对河南省六个市进行实地走访和调查后认为，农户市民化能力弱、宅基地所具有的福利保障功能、户籍制度黏附社会功能的阻碍及补偿机制的单一等因素影响宅基地退出；佟艳、牛海鹏等对河南省农户闲置宅基地退出意愿的影响因素进行分析后得出：农户对退出结果的预期、农民生计与农田依存关系的分解、农户对政策的了解程度、农户家庭年收入和闲置宅基地的数量与农户退出宅基地意愿均呈显著正相关；而宅基地上建筑的新旧程度、“家庭规模”“对居住环境的满意度”与退出意愿呈显著负相关。[③]

（4）宅基地退出机制研究。周其仁提出了城乡建设用地挂钩流转的设想，主张政府在依法、自愿、有偿的前提下，引导农民退出宅基地，实现城乡土地利用指标的跨区域转移，以土地的集约和节约利用，达到既保护耕地，又弹性增加城镇建设用地指标的双重目的。欧阳安蛟等认为，宅基地退出机制的缺失导致中国农村宅基地利用存在诸多问题，并提出构建引力、压力、推力三方面协同的退出机制。于跃龙通过对调查农民宅基地退出和补偿意愿的基础上，探讨了建立促进农民宅基地退出的利益实现和保护机制、规范节余指标利用及合理的利益分配

---

① 朱新华．户籍制度对农户宅基地退出意愿的影响[J]．中国人口·资源与环境，2014（10）．

② 杨玉珍．农户闲置宅基地退出的影响因素及政策衔接——行为经济学视角[J]．经济地理，2015（7）．

③ 佟艳，牛海鹏，樊良新，等．农户闲置宅基地退出意愿及影响因素研究——以河南省为例[J]．干旱区资源与环境，2017（10）．

机制、农村宅基地退出与成长住房保障衔接与转换机制等。廖文敏认为，构建包括动力机制、激励机制、流转机制、分配机制的宅基地退出机制，进而建立以宅基地退出为核心的宅基地高效利用制度，最终实现宅基地的高效集约和节约利用。[①]彭小霞提出，应通过完善宅基地退出的法律体系，提升农户在农村宅基地退出过程中的主体地位的方式完善我国的农村宅基地退出机制。[②]郭贯成等以推拉理论为视角，构建了影响农村宅基地退出问题的推拉分析框架，提出基于此推拉分析框架不断完善农村宅基地退出机制。[③]海龙认为，可以通过强化市民能力、健全社会保障体系、加大户籍改革、明确宅基地权属和渐进性推进来构建有效的宅基地退出路径。李长健、胡鹏提出，要重视和保护农民权益，从成立农民利益代表机构来代表农民发声、完善宅基地退出立法工作健全宅基地退出配套制度、建立健全农村社保制度保障农户宅基地退出后顾之忧以及探索宅基地退出的补偿和长期收益分配制度四个方面构建保护农民权益基础上的宅基地退出“四度弥合”机制的设想。庄开明、黄敏认为，完善农村宅基地退出与补偿机制，应该以宅基地优化利用与新型城镇化、承包地退出、新农村建设、农村新产业新业态培育和农村新型集体经济发展的深度结合为着力点，畅通农村宅基地批量退出与零散退出的两大渠道，聚焦宅基地退出的补偿范围、补偿标准、补偿资金三个关键环节，重点解决宅基地退出改革的三大保障问题。[④]杨璐璐认为，现有的宅基地产权结构亟待完善，土地增值收益的分配在农户与政府、农户与农户之间存在很大的不合理，对于资源优化配置的市场激励机制的形成是非常不利的，应在遵循成员权身份的逻辑下，将基于农村宅基地产权完善的收益共享机制的构建作为今后农村宅基地管理的着力点进行体系制度重构。[⑤]

（5）宅基地退出补偿的研究。从住房保障功能、生产要素功能和未来不确定性期权价值三个方面对宅基地价值进行测算，最终确定宅基地退出补偿金额。我国对宅基地补偿标准的研究主要有两种观点：政府只需要对宅基地流转者的建筑物进行补偿，不需要对宅基地进行补偿，因为农户是无偿取得宅基地的；宅基

---

① 廖文敏. 城镇化背景下农村宅基地退出机制研究 [D]. 福州：福建师范大学，2015.

② 彭小霞. 农民权益保护视角下农村宅基地退出机制之完善 [J]. 农村经济，2015（4）.

③ 郭贯成，戈楚婷. 推拉理论视角下的农村宅基地退出机制研究——基于南京市栖霞区农户意愿调查 [J]. 长江流域资源与环境，2017（6）.

④ 庄开明，黄敏. 完善农村宅基地退出与补偿机制的思考 [J]. 农村经济，2017（7）.

⑤ 杨璐璐. 农村宅基地制度面临的挑战与改革出路——基于产权完善的收益共享机制构建 [J]. 南京社会科学，2017（11）.

地补偿应该按照房地分离的原则进行补偿，房屋补偿收益归房屋所有人或其他权利人所有，宅基地补偿收益应该在村民之间均衡配置。宅基地退出补偿方式可以分为三种：实物补偿、货币补偿和建设性补偿。学者们对宅基地退出补偿机制的研究大多都集中在建立宅基地有偿退出机制，农户退出宅基地后获得政府补贴，或获得进入城镇购买经济适用房、公租房、保障房的优惠及基本的社会保障。吕军书、翁晓宇认为，宅基地补偿标准应该根据当地的经济社会发展水平和地理区位情况、宅基地的居住保障功能、就业等方面科学、合理地制定，并要做到同类宅基地同等补偿、具有资源禀赋差异的宅基地在合理区间内进行差异化补偿。

（6）宅基地退出路径。杨保勤等提出，深化农村土地制度改革的关键是宅基地使用权的退出，并证明了宅基地使用权的逐渐退出是可行的，宅基地退出路径需从程序规范、实体制度、配套措施等方面深入探索研究。[①]张云认为，宅基地退出路径应实行宅基地退出补偿，提高宅基地的资产功能，保障公平的同时兼顾土地利用效率，避免农村宅基地成为地方政府的"土地财政"工具。[②]李亚莉等针对区域经济发展状况提出相应的宅基地退出有效路径，依据近郊区和远郊区、经济发达区域和经济落后区域两种划分方式提出不同的退出模式。[③]罗伟玲提出，建立和完善宅基地退出经济补偿机制，探索不同的经济补偿方式为农业转移人口宅基地退出提供制度保障。吕军书等在"三块地"改革、乡村振兴的大背景下提出，要从宅基地退出与补偿的法律法规、补偿标准、宅基地退出动力机制和社会保障制度四个方面来构建宅基地退出路径。

（7）农民工宅基地退出研究。由于我国土地制度的复杂性、户籍制度的特殊性以及城镇住房体制的双轨制特征，导致农民工在宅基地退出上表现出复杂的行为逻辑。不同领域的学者对不同代际农民工宅基地退出意愿的影响因素研究从多个不同的学科角度开展，如经济学、法学、社会学、管理学等学科对此问题都开展了研究，得出不同看法。从经济学角度，经济学家欧阳安蛟分析了目前农民工退出宅基地意愿问题的根本原因是存在贫富差距，经济收入不平衡，解决此问题需要建立长效的激励机制和约束机制为核心的宅基地退出机制。学者韩清怀从人口的流动性与宅基地区位的固定这一矛盾角度出发，探讨了农民工宅基地退出

① 杨保勤，陈景春．农村宅基地使用权退出的现实风险、法治理念和路径选择 [J]. 现代经济探讨，2015(10).

② 张云．福建省农村宅基地退出与补偿之法律困境与路径选择 [J]. 洛阳理工学院学报（社会科学版），2015（2）.

③ 李亚莉，李金阳．河北省农村宅基地退出路径研究 [J]. 农业开发与装备，2018（1）.

相关制度的改革问题。学者赵淑芹和陈民从市场特征的角度分析了影响农民工宅基地使用权流转的因素。学者徐小峰等通过对鄂州市蒲团乡、燕矶镇和长钢镇进行实地调查，用实际调查数据分析了影响农民工退出宅基地意愿的因素，通过实地调查，认为年龄、家庭年均纯收入、宅基地宗数、是否购买城镇住房、是否具有职业技能和农业收入比重六个因素对农民宅基地退出意愿具有显著影响。学者彭长生、范子英和杨应杰均以安徽省的农户为例，对农户进行实地调查。彭长生和范子英提出社会保险应该先行于宅基地退出，并且要优先考虑远郊农民等政策建议。杨应杰则从农民工分化角度进行了分析，通过对实地调查数据的具体分析，得出农民工宅基地退出意愿的影响因素，并提出相对应的解决对策。从法律角度，学者王崇敏和张丽华主要分析了我国在立法上对农村宅基地使用权流转的规范和态度，以及我国的司法实务现状，并通过实证调查方式考察了我国农村宅基地使用权流转在现实生活中的实际情况及其存在的问题与原因。从社会学角度，学者张怡然等认识到农民工群体的特殊性，以重庆市为例，分析了农民工进城落户对宅基地退出的影响。学者胡银根和张曼在对武汉市的农民工进行调查后，提出就农民工整体而言，农业收入比重、宅基地产权认知和地区因素对宅基地退出意愿的影响较为显著。学者许恒周等通过对天津市各个行业农民工进行调查后发现，影响第一代农民工和新生代农民工退出宅基地意愿的因素差异很大，影响因素是多方面共存的。

三、相关概念界定

（一）农业转移人口

农业转移人口的出现是由于国家工业化的发展和城镇化水平的提升，从事农业生产的农业人口向农业产业外的第二产业或第三产业转移。主要表现为农村人口向城镇的转移，经济欠发达地区农户向经济发达地区转移。这是新型城镇化的发展趋势，是城乡统筹发展的必然结果，是逐渐消除城乡二元体制壁垒的重要途径。

农业转移人口是指曾经从事以农业为主的第一产业，从农村到城镇，随着城镇化的发展逐步在城镇地区就业和定居的人口群体。学者邱鹏旭认为，农业转移人口可以分为两类：一类仍然是农业人口，因为他们的户籍还在农村，但长期居住在城镇；另一类长期居住在农村，但户籍迁移到城镇了[①]。这两类群体中，第一类群体的数量较多。李克强总理在2018年3月5日中华人民共和国第十三届全国人民代表大会第一次会议上所做的政府工作报告中指出，我国城镇化率在5年间从52.6%提高到58.5%，8000多万农业转移人口的户籍已经转换成城镇户口。

本书中所研究的农业转移人口主要是指从农村迁移到城镇工作生活，已经脱离或正在逐渐脱离农业生产和农村生活环境的群体。逐渐脱离是指在农村与城镇之间来回流动的农业人口，其主要收入来源是除了第一产业农业以外的其他产业。

（二）宅基地退出

农村宅基地是中国土地制度的一个独特的概念。它保障了农民的生活，维护了社会的公平与稳定，没有市场经济的特征[②]。

农村宅基地退出是指在相关法律规定下或者选择自由交易等的情况下，农户从自己使用的宅基地退出并以此提高宅基地利用效率的一种流转形式。这意味着农户完全放弃了使用房屋用地的权利。退出后宅基地的使用方式也可能发生变化，与其他通常不改变用途的循环方式不同，退出后的宅基地可以改变为其他建设用地，也可以作为耕地开垦，从而优化土地利用结构。

当前社会主要有两种退出宅基地的模式，一种是不影响农民的生产生活，主要目的是为改善农民的生活条件的模式。具体操作是地方政府和农村集体经济组织通过统一规划设计和基础设施建设，实现旧村改造。另一种是政府主导的宅基地退出模式，主要是鼓励有条件的农民在尊重其意愿的前提下自愿放弃对农村宅基地的使用权。具体做法有宅基地换房、城中村治理等。

本书所指的宅基地退出，主要是指宅基地的使用权人在相关制度安排或政策“激励”下自主自愿有偿地退出现有闲置的农村宅基地。

---

① 邱鹏旭．对“农业转移人口市民化”的认识和理解[EB/OL].（2013-3-29）[2018-10-15].http://theory.people.com.cn/n/2013/0313/e40537-20778267.html.

② 李春滟．农村宅基地制度公平与效率的研究[D]. 成都：四川师范大学，2010.

（三）政策

1. 政策的含义

政策的含义有广义和狭义之分。关于广义的政策概念，美国著名学者卡尔·弗雷德里奇（Carl J. Friedrich）认为："政策是在某一特定的环境下，个人、团体或政府有计划的活动过程。他提出政策的用意就是利用时机、克服障碍以实现某个既定的目标，或达到某一既定的目的。"① 美国学者詹姆斯·E. 安德森（James E. Anderson）指出："政策是一个有目的的活动过程，而这些活动是由一个或一批行为者，为处理某一问题或有关事务而采取的。"② 广义的政策定义均有共同点：一是把政策看作是一个过程，一个有既定目标的过程；二是政策的主体不局限于国家和政府等公共权力机关，还包括个人、团体等非政府组织。

关于狭义的政策概念，林恩（Lynn）认为："政策的范围包括关于目的的声明、目标的计划、政府有关未来的重要的决策行为的一般准则、可选择的行动路线或方针、采取或不采取行动的结果，乃至政府的所有行为。"③ 张金马认为："政策是党和政府用以规范、引导有关机关团体和个人行动的准则或指南。"④ 孙光认为："政策是国家和政党为了实现一定的总目标而确定的行动准则，它表现为对人们的利益进行分配和调节的政治措施和复杂过程。"⑤ 显然，这些定义将政策主体确定为公共权力机关或政党。当政策主体被限定为国家、政府、政党、公共权力机关时，这些政策指的都是公共政策。本书的研究对象是宅基地退出政策，在市场经济可以自动运行的今天，宅基地退出政策与政府组织的活动、与国家政策指向密切相关。因此，狭义的政策更符合本书的研究内容。

2. 公共政策

关于公共政策的含义，国内外学者从不同的角度进行阐析。"有从政策制定和执行的角度描述的公共政策；从价值分配的角度描述的公共政策；从政策形式角度描述的公共政策；从行为准则角度理解的公共政策；从活动过程理解的公共

① FRIEDRICH C J.Man and government：an empirical theory of politics[M] .New York：McGraw -Hill，1963：79.

② 安德森 . 公共政策 [M] . 唐亮，译 . 北京：华夏出版社，1997：4.

③ 宁骚 . 公共政策学 [M] . 北京：高等教育出版社，2003：182.

④ 张金马 . 政策科学导论 [M]. 北京：中国人民大学出版社，1992.

⑤ 孙光 . 政策科学 [M]. 杭州：浙江教育出版社，1988：14.

政策。”[①]本书主要从政策形式的角度来理解公共政策的外延和内涵。目前我国虽已从宏观层面出台相关的宅基地退出政策，但地方实践各有不同，在这种情况下研究广西农业转移人口宅基地退出政策，需要清晰界定关乎宅基地退出政策的外延和政策的具体形式。

拉斯韦尔和卡普兰认为，公共政策是一种含有目标、价值与策略的大型计划[②]。林金德指出："政策是管理部门为了使社会或社会中的一个区域向正确的方向发展而提出的法令、措施、条例、计划、方案、规划或项目。”[③]我国台湾学者张世贤教授认为："公共政策乃政府为解决公共问题，达成公共目标，经由政治过程，所产出的策略。”[④]国家行政学院张金马教授给公共政策下的定义是“党和政府用以规范、引导有关机构、团体和个人行动的准则或指南。其表达形式有法律规章、行政命令、政府首脑的书面或口头声明和指示以及行动计划与策略等”[⑤]。《云五社会科学大辞典·政治学》指出："政策是某一团体组织、无论小如社团，大如国家政府，以及国际组织，为达到其自身的种种目的，就若干可能采取的方法中，择一而决定之方法。”[⑥]从以上定义可知，公共政策的外在形式主要表现为法令、措施、条例、计划、方案、规划、项目或者方法，它们是公共政策某种内涵的载体。勾勒公共政策的外在形式有利于我们清晰认识公共政策的外延，然后从外延深入到内涵准确理解公共政策。

3. 宅基地退出政策

前文已对狭义的政策和公共政策的外延进行阐析，基于以上的认识，本书的宅基地退出政策主要表现为四种政策形态：一是与宅基地退出相关的土地制度；二是与宅基地退出相关的法律和条例；三是与宅基地退出相关的党中央和国务院“红头文件”（包括规定、办法、通知和意见等）；四是地方出台的实施办法和创新性政策等规范性文件。这些构成了宅基地退出的政策体系。本书的研究将以这四种形态的公共政策为主。

---

① 傅广宛．公共政策制定中的公民参与：量度、绩效与进路 [D]. 武汉：华中师范大学，2008.

② LASSWELL H D，KAPLAN A. Power and society[M]. New Haven CT：Yale University Press，1970：71.

③ 林金德，等．政策研究方法论 [M]. 延边：延边大学出版社，1989：3.

④ 张世贤．公共政策析论 [M]. 台北：五南图书出版公司，1986：182.

⑤ 张金马．政策科学导论 [M]. 北京：中国人民大学出版社，1993：17.

⑥ 王云伍．云五社会科学大辞典·政治学 [M]. 台湾："商务印书馆"，1971：68.

四、研究内容与方法

（一）研究内容

本书深入分析广西农业转移人口退出宅基地的真实意愿、影响因素及退出困境，在此基础上研究如何从政策层面促进广西农业转移人口主动、有序退出闲置的农村宅基地。同时，本书按照中央会议精神，紧紧抓住“尊重农民意愿为先，保障农民权益为主”的理念，旨在从田野调查中获取翔实的农业转移人口退出宅基地的数据资料和其他可资利用的实证材料，从宏观层面出发，深入到微观层面，以量化的分析方法研究促进农业转移人口退出宅基地的政策。具体而言，研究内容包括以下几个方面。

（1）广西农业转移人口宅基地退出的意愿及影响因素。本部分主要采用实证分析法从微观层面进行研究。对桂东、桂南、桂中地区的农业转移人口进行问卷调查、对相关政府部门的工作人员进行焦点团体座谈会，对个别农业转移人口进行深入访谈，了解广西农业转移人口宅基地退出的主观意愿、影响因素、现实需求及存在的问题等基本情况。

（2）我国宅基地改革试点地区农村宅基地退出的进程探索与经验研究。本部分主要运用案例分析的研究方法，对多个典型的实际案例进行诊断、探明原因、归纳特点，以应用于广西农业转移人口宅基地退出政策的制定和执行。

（3）促进广西农业转移人口退出宅基地的对策建议研究：地方政府加快制定具有可操作性的实施方案，制定科学合理的退出激励补偿制度，设立宅基地退出的专项基金，建立健全社会保障体系，充分尊重农户的意愿，加大政策宣传力度。

（二）研究方法

本书采用的研究方法主要有以下几种。

（1）抽样调查方法。在桂东、桂南、桂中地区，采用多层随机抽样方式对年龄在 20 ～ 65 岁的 400 位农业转移人口进行问卷调查，再以判断抽样的方式在市、县、乡三级政府中与宅基地退出工作相关的政府部门的工作人员进行焦点团队座谈会。

（2）统计分析方法。农业转移人口宅基地退出实践应该是有规律可循的。

本书采用标准差来分析问卷调查中所搜集意见一致的程度；利用方差分析，进行各种影响因子的平均数间的差异显著性检验，寻找影响因子与宅基地退出的联系；利用逻辑回归法寻找特殊影响因子间的线性规律；利用因子分析、判别分析等方法对农业转移人口宅基地退出问题进行归纳分类，揭示问题的规律性所在。

（3）案例分析方法。单个的案例分析可能不会导出规律性的结果，但多个案例分析就有可能得到具有科学性的研究结果。本书对多个典型的实际案例进行诊断、探明原因、归纳特点，应用于宅基地退出政策制定。

（4）规范性研究方法。在农业转移人口宅基地退出的研究中，有许多概念是难以量化的，这就需要利用规范性的研究方法进行归纳和演绎。本书中的规范性研究主要是对难以进行量化的价值进行判断

五、可能的创新点与不足

（一）可能的创新点

已有研究更多的是从政府角度或城镇发展角度研究宅基地退出问题，本书以“农民权益保障”为研究视域，在分析广西农业转移人口宅基地退出的主观意愿和影响因素的基础上，采用量化分析方法提炼广西农业转移人口宅基地退出的相关性规律、分布性规律等，对促进广西农业转移人口宅基地退出的政策系统提出建议，初步概括出当前促进宅基地退出的比较现实的制度安排和更加有效的、科学的、合理的途径、形式与方法。

（二）存在的不足

农村宅基地退出实践及相关问题是耗用资源巨大且较为复杂的一项工程。各地都在积极探索和实践，宅基地退出问题更为错综复杂，本书的研究有待进一步完善。

第一章

农村宅基地退出的相关理论分析

一、产权理论

1937年，科斯在《企业的本质》一文中首次提出“产权”的概念，并阐释“产权”包含使用权、收益权、处置权和转让权等。美国经济学家阿尔钦认为，产权是一种通过社会强制而实现的对某种或多种具有产权价值的物品的多种用途进行选择的权利。科斯认为，只要交易成本为零，那么初始的合法的权利配置对于资源配置的有效性是无关的。这意味着，只要交易界区是清晰的，资源配置就是有效的。而马克思认为，产权并不仅仅是一项单一的权利，而应该是一系列权利的权利束，所有产权都包含了主体的权能和利益两部分内容。权能与利益是内在统一的关系，相互依存，不可割裂分开来看待。

土地产权作为财产权的一种，包括了土地所有权、使用权、处置权等所有土地财产性权利。我国农村宅基地的产权实际上是一种“不完全产权”，宅基地的所有权归农村集体经济组织所有，而宅基地的使用权则归属于农民。

本书研究认为，农村宅基地退出政策的关键是农村宅基地使用权的退出，而农村宅基地使用权的明确就属于土地产权权属的确定问题。农村宅基地产权的界定一般是通过法律形式依法确定农村宅基地使用权的主体和农村宅基地所有权的主体，并严格依照法律对各个利益主体在农村宅基地退出过程中的各项权利和义务进行统一划分和约束。因此，确立农村宅基地土地产权制度，明晰土地产权，明确土地权属，对于农村宅基地退出路径的研究有着重要作用。

二、制度变迁理论

关于制度变迁理论，由于不同流派的学者所处的历史阶段不同，而且不同学者对于问题研究的出发点和侧重点均各有不同，所以对于制度经济学的研究结论往往存在很大的差异。

按照卢瑟福的研究理论，制度经济学分为新、旧两个制度主义学派。旧制度主义学派的代表性人物为凡勃伦和阿里斯等学者。凡勃伦认为在制度变迁的过程中，后来与现在发生的事情是具有累积因果关系的，也就是说现在发生的事情决定了后来事情的走向，而现在发生的事情又是因为之前发生过的事情而产生的结果。在研究制度变迁的过程中，阿里斯赞同凡勃仑的“累积因果”观点，只是阿里斯更注重从制度层面进行分析，认为促进制度变革的因素不是技术变革，而是社会力量的斗争，技术变迁是“被它自己的内在动力所引导的文化过程”。

哈耶克和诺斯是新制度主义学派的代表学者。哈耶克提出了“自生自发社会秩序”的制度变迁理论框架，他认为制度是经验的综合，因此，哈耶克的观点更倾向于个人的作用，他认为制度变迁的主体是个人，而不是政府[①]。尽管如此，哈耶克仍然认为政府在制度变迁过程中发挥了相对较大的作用。诺斯认为，一个国家必须有一个明确的制度和监管环境，此外，政府在优化制度环境以及促进制度变迁发展方面有着天然的优势[②]。他在研究制度变迁的过程中，较早地引入意识形态的概念，认为政府在推动制度变迁的过程中要注重意识形态的影响[③]。

国内的研究要数林毅夫的观点更具代表性。林毅夫指出，制度变迁过程中存在一个连锁效应，即一个制度发生变化，其他制度也会相应变化，这也说明了若要以最小成本实现制度变迁，就要对制度核心进行改革。他认为，如果将制度变迁按照变迁的性质来区分的话，可以分成强制性的和诱致性的[④]。

强制性制度变迁是被动型制度变迁，主要是指由政府主导，以设定法律法规及发布行政命令的方式自上而下地来实现制度变迁，也就是说是国家推动了制度的变迁，政府运用公权力，改变无效的或者不均衡的制度安排，从而实现制度变迁目标。但是强制性制度变迁也有可能造成失败的后果，可能性的原因包括政

---

① 黄鑫鼎 . 制度变迁理论的回顾与展望 [J]. 科学决策，2009（9）.
② 诺斯 . 经济史中的结构与变迁 [M]. 上海：上海三联书店，1994.
③ 韦森 . 再评诺斯的制度变迁理论 [J]. 经济学季刊，2009（2）.
④ 林毅夫 . 关于制度变迁的经济学理论：诱致性变迁与强制性变迁 [A]. 上海三联书店，1994.

府意识形态和有限理性等因素①。诱致性制度变迁是主动型制度变迁，主要是指人们为争取获利机会自发倡导和组织实施对现行制度安排的变更或替代，创造新的制度安排，是人们在追求由制度不均衡引致的获利机会时所进行的自发性制度变迁。社会制度的变迁一般是由强制性制度变迁和诱致性制度变迁共同推进的。宅基地退出制度是一种土地管理制度，需要同时具有保障农户权益、激励农户自愿退出等相关功能。在计划经济时代，国家用行政手段分配宅基地，保障集体所有制下的集体成员的基本居住条件，维护农村社会的稳定。这个时期的宅基地主要是作为一种生存保障，而且当时的经济不发达，土地的价格较低，不具备流转的条件②，宅基地制度呈现出来的是一种强制性变迁的状态。而近年来，市场经济体制越来越完善，我国经济及社会也正在经历着重大转型，在以往的背景下的宅基地制度已经无法再适应瞬息万变的当今社会。随之而来的是土地资源的稀缺，土地价格的上涨，农户自发性地进行宅基地的流转等一系列能够获得更高的经济利益的行为，直接或间接地促进了宅基地使用权的市场化，这就是诱致性宅基地制度的变迁状况。

三、推拉理论

推拉理论由英国学者雷文斯坦（E.Ravenstien）于1885年发表的《人口迁移之规律》一文首次提出，文中提出了推拉理论的基本框架。美国学者唐纳德·J.博格（D.J.Bogue）于20世纪50年代末提出并系统论述了推拉理论，他的主要观点是，人口迁移是两种不同方向的力量相互作用的结果，一种力量是有利于人口迁移的积极因素，即为“拉力”；另一种是不利于人口迁移的消极因素，即为“推力”。

实际上，在同一个地方同时存在着“拉力”和“推力”两种因素影响人口最终的迁移与流动方向，就看是哪种因素占据主导作用。迁入地存在诸如适宜的气候环境、较好的生活水平、较好的教育环境、发达便利的交通、更好的精神文化生活、充足的就业机会等，这些有利的力量因素；同时也存在着一些不利于人口迁入的力量因素，如迁移可能带来的两地分居、陌生的环境、激烈的竞争等，

① 黄鑫鼎.制度变迁理论的回顾与展望[J].科学决策，2009（9）.

② 邓铭辉.论宅基地使用权流转法律问题[D].广州：中山大学，2008.

综合比较，迁入地的“拉力”大于“推力”。相对应的，迁出地存在把人口推出原住地的“推力因素”，包括原本属于当地经济支柱的不可再生资源的日益匮乏、环境的恶化、经济水平下降导致人均收入的下降、就业机会的减少、农村剩余劳动力增加等，与此同时也存在着熟悉的环境、家人团聚的快乐等“拉力因素”，只不过综合比较起来，迁出地的“推力”大于“拉力”，“推力”占据主导地位。根据推拉理论的分析，在农业转移人口退出宅基地的过程中，对宅基地退出起到推动作用的“推力”，主要有农村集体经济组织对土地资源的管理能力下降，导致村集体及农户利益受损，农村生产生活水平下降，作为主要收入来源的农业已不足以支撑家庭经济生活，农村年轻一代人已不适应农村生活，有的也不愿从事甚至从来没有从事过农业劳动等；另外是拉动宅基地退出的力量，如城镇中更好的生活条件、完善的公共设施、良好的医疗教育条件、更多的就业机会等，这些吸引农户迁移到城镇，并决定退出农村宅基地。

农户作为农村宅基地使用权的主体，对宅基地制度变迁起着决定性作用，一方面，当农户原本生产生活的环境出现不利的情况，而迁移到城镇生活，农户获得的利益大于迁移的成本时，农户在宅基地退出上就会表现出比较积极的态度；另一方面，一直以来我国的城乡二元体制导致农村和城镇的发展存在很大的差距，为了自身的发展和更好的生活条件，大量的农民选择转移到城镇，导致了家乡宅基地的闲置甚至荒废，这些因素都是宅基地退出的“推力”。当前我国城镇化发展迅速，对城镇建设用地的需求不断增加，有数据显示，若为城镇发展开拓新的建设用地，进而把农民整村转移到城镇建设的住宅公寓，可以节约70%以上的建设用地[①]。所以，从城镇发展建设来看，城镇建设用地需求增大以及城镇化率的提高对宅基地退出起到拉动的作用。

四、农村劳动力转移理论

农村劳动力转移理论最具代表性的主要有“二元经济结构”中的人口流动模型、“人力资本投资”理论和移民理论。

在人口流动模型中，较为典型的有刘易斯模型和托达罗模型。1954年，刘

① 夏鸣．有效集聚潜在资源有序统筹城乡发展——“万顷良田建设工程”试点综述[J]. 学习与研究，2010（2）：56-59.

易斯在其《劳动无限供给条件下的经济发展》一文中，首先提出刘易斯模型，其揭示了在多数发展中国家中并存着传统的自给自足的并且缺乏资本、劳动生产率低下、大量剩余劳动力的农业经济体系和资本雄厚、劳动生产率高的工业体系，这两种不同的经济体系，构成了“二元经济结构”。值得一提的是，这个模型忽视了农业部门自身平衡发展和科技进步的作用。现今，发展中国家和发达国家在工业化发展历程中存在着明显不同，农民工迁移的经济文化背景也有很大的不同，所以，刘易斯模型对发展中国家的现实作用存在局限性，尽管如此，该理论仍为研究发展中国家农村剩余劳动力转移提供了新思路和方法。托达罗依据发展中国家的经济事实，在刘易斯二元经济理论的基础上，提出了托达罗模型。他认为，经济现象属于人口流动，尽管城镇中存在失业现象，但因为存在预期收入城乡差异，农村剩余劳动力仍会流向高收入的城镇。该模型不仅注重农村剩余劳动力迁移对工业发展形成的积极影响，而且重视人口盲目流动所产生的一系列社会问题。舒尔茨在“人力资本投资”理论中指出，人力资本是当今经济增长的主要来源，而取得人力资本主要的方式是靠教育。他在研究中发现，人力资源质量的提升形成的主要结果是国民收入的增加大于投入的增加，即人力资本存量的增加。目前，我国的城乡人力资本存在很大差距，农民受教育水平比城镇居民低，这在一定程度上影响了农村剩余劳动力迁移的质量和规模，所以该理论在我国的农村剩余劳动力转移问题上存在很强的现实性。罗伯特帕克和戈登从“同化”向度研究了移民的适应过程，其主要理论侧重于移民从社会交往、生活和行为方式等方面不断向流入地居民学习，逐渐抛弃原先的生活习惯和生活方式，最后实现公民同化。该理论为农业转移人口退出农村宅基地的研究开启了新的分析视角。

五、二重理性理论

现代性的最主要特征之一就是理性的精神和思维充斥着每一个人的大脑，人类理性一般被区分为合乎价值的理性和合乎工具的理性两方面。价值理性和工具理性（二重理性理论）最早可以追溯到康德的批判哲学。在他看来，价值理性崇尚道德理想，主要关怀人的终极意义和目的；工具理性则是一种为实现某种目的的技术理性主义。社会学家马克斯·韦伯在著作《经济与社会》中关于价值理性和工具主义的论述才算是真正对二重理性的内涵做出了系统的诠释，他在著作中提到工具理性和价值理性二者共同构成了人的社会行动的合理性取向。他认为价值合乎理性是人“通过有意识地对一个特定的举止的伦理的、美学的、宗教的或作其他阐释的无条件的固有价值的纯粹信仰，不管是否取得成就”①。价值理性的社会行动注重行为本身带来的意义和价值，这些意义或价值一般能够满足行为主体对于美的、善的、社会伦理等方面的追求。而工具合乎理性则是“决定于对客体在环境中的表现和他人的表现的预期，行动者会把这些预期用作‘条件’或者作为‘手段’，以实现自身的理性追求和特定目标”②。工具理性的社会行动看重所选用的手段能否带来自身利益的最大化、重视现实功利目的的实现，带有浓厚的功利性色彩，是一种典型的“自我利益的理性”③。二重理性反映了人类社会实践过程中终极意义与现实利益之间的关系。理性本身很复杂，它不是一种非此即彼的极端思维，如果社会的发展离开了价值、情感和传统等可能被不正确地称为“非理性”的部分只依靠工具理性来推进，那么整个人类世界将会变得冰冷而残酷。而价值理性如果过于纯粹缺乏现实功利取向，社会发展过程中的各类愿景和宏大目标只能是无法落地的空中楼阁。

宅基地退出意愿反映的是农业转移人口的一个动态的心理过程。农业转移人口退出宅基地意愿的背后影响因素错综复杂，其在面对宅基地退出时往往要进行理性的思考和选择。一方面，农业转移人口在进城务工之前长期居住在农村，他们对所居住村庄的人和事都很熟悉，人生地不熟是农业转移人口进入城镇后面临的最主要的一个问题，脱离了原有的生活习惯和社交网络会让他们产生一种强烈的不适应感。受文化程度低、缺乏技能培训等原因的限制，农业转移人口在城镇中所从事的工作多为体力劳动，其工作环境和生活居住条件较差。此外，农业转移人口在城镇中受到不公平待遇的现象也常有发生。但为了讨生活，在城镇中谋生的日子即使再艰辛他们也只能选择默默承受。农业转移人口在城镇中长期处于背井离乡的状态，能够承载、寄托他们乡愁的只有家乡中的承包地和宅基地。这时候，农村中的宅基地对于他们而言具有非同一般的意义和无法用金钱衡量的价值。另一方面，在现行的宅基地制度框架下，宅基地无偿取得并可以无期

---

① 江泽民．江泽民文选：第二卷 [M]. 北京：人民出版社，2006：28.

② 郝雨，田栋．媒介内容生产取向性偏差及“合理性”调适——基于工具理性、价值理性的辩证视角 [J]. 国际新闻界，2019（6）.

③ 彭国甫，张玉亮．追寻工具理性和价值理性的整合——地方政府公共事业管理绩效评估的发展方向 [J]. 中国行政管理，2007（6）.

限使用的特点让大多数的农民认为宅基地属于私人财产，按照传统，农村宅基地都是一代一代继承下来的，农户将其视为祖传基业，认为退出宅基地属于不孝行为。虽然农业转移人口退出宅基地后可以得到相应的补偿，但宅基地对农业转移人口来说已经超越金钱，成为他们在城镇务工时的精神支柱以及家族延续的象征，因此他们不会轻易退出宅基地，体现了农户在决策过程中的价值理性特征。受到工具理性支配的农业转移人口更多是将宅基地作为个人发展的工具或者家庭生存的重要载体，他们在做出退出宅基地的决定时，会更多地考虑现实生活发展的需要。对于农业转移人口来说，他们背井离乡一个人到城镇中务工，最主要的目的就是为了取得相比于务农来说更高的收入，进而可以改善家庭居住环境，提高生活水平，让自己和家人过上更好的生活。也就是说，如果宅基地退出的补偿能够满足农业转移人口追求更美好的生活、发展环境和空间的预期，并且有足够的把握让今后的生活不会比现在更差时，他们会愿意退出农村闲置的宅基地。

第二章
农村宅基地退出政策分析

一、农村宅基地退出的时代背景

（一）农村宅基地使用情况与城镇化发展用地规律相悖

1970 年至今，中国的人口数量增长呈现逐年递增的态势。其中乡村人口数量呈现先增长后下降的变化态势，城镇的人口数量增长与全国人口数量增长趋势一致，尤其是在 1978 年改革开放后，这种城镇人口数量增长的趋势表现得更为强劲，直到 20 世纪 90 年代中后期，城镇人口数量增长速度才开始减缓。我国在 2004 年修订的《中华人民共和国土地管理法》中对农村宅基地“一户一宅”进行了规定，要求村民每户只能拥有一处宅基地。那么，在农村“一户一宅”的规定以及城镇化发展过程中乡村人口数量不断减少的前提下，农村的宅基地使用面积应该逐渐下降才属正常现象。然而，根据官方的统计数据显示，近年来农村宅基地使用面积不减反增，而且增长的趋势越发猛烈。究其原因，一是农村村民可以无偿申请并无期限使用宅基地的制度使然，农民将宅基地闲置也不会产生任何成本，因此农户趋向于无限多地获得这种资源；二是村民收入增加后通过扩建或者新建住宅来改善居住条件，另外有一些村民虽然常年在城镇工作和生活，但是受传统思想的影响，他们也会新建农村住宅以光耀门楣；三是地方政府对宅基地“一户一宅”的使用规定监管不严，村民建房普遍存在“建新房不拆旧房”的现象。乡村人口数量在不断减少，但乡村住宅使用面积却在不断增加，这一种乡村建设用地配置与城镇化进程中的用地规律显然相悖。

（二）城镇化过程中用地需求日益紧张

城镇化的发展状况对农村宅基地制度变革具有深刻的影响力，反之农村宅基地的使用也会影响城镇化发展进程。我国城镇化从20世纪90年代后期进入加速发展的阶段，中国的快速城镇化带来大量人口的跨区域流动，农村人口涌入城镇务工的趋势不可逆转，他们为城镇化的发展做出了不可磨灭的贡献。伴随城镇化发展而来的是城镇人口规模空前庞大、交通和住房等方面越加拥挤的问题，因此城镇需要不断扩大其面积，尤其是大城市的快速增长和大都市区的快速发展需要大量土地资源来支撑。然而土地资源是有限的，如何在保证耕地面积不减少的前提下给城镇的发展扩大提供建设用地是当前城镇化发展过程中面临的一大难题。与城镇发展建设用地供应紧张的现状形成巨大反差的是农村闲置宅基地面积的剧增和农村建设用地使用发展缺少规划性，土地资源使用粗放、低效，中国科学院2012年发布的数据显示，农村空心化形势越发严峻，我国农村空心化整治的潜力约为1.14亿亩[①][②]。农村空心化的本质其实就是广义上的宅基地闲置，农村大量劳动力转移到城镇中谋生，农村中的房子常年无人居住，但由于目前缺少宅基地退出的路径，也只能任其闲置。为了在有限的土地资源中平衡好城镇发展建设用地和耕地资源的需求，将闲置或低效利用的宅基地退出并整治是落实“城乡建设用地增减挂钩”政策、缓解城市发展用地资源紧张的必然要求。

（三）农村宅基地财产功能的限制性

农民无法享有与城镇居民同等的医疗、养老等社会保障服务，因而农村宅基地使用权不仅是一项农民特有的权利，更是一项特殊的社会保障制度。一直以来，宅基地更多发挥的是保障农民住有所居的功能，农民在农村的宅基地禁止随意流转的规定虽然有效地保障了农民的居住权，但农民对宅基地本应享有的土地财产权益却被忽略了，农民从宅基地上仅能获得居住权，其房屋价值体现不显著，财产权的实现受到限制。当国家由于公共利益的需要而对宅基地进行征收时，普遍情况下农民也只是获得被拆迁房屋的补偿，很难享受到宅基地被征收后产生的增值经济收益补偿。随着乡村的转型和城乡融合发展的推进，农民的谋生方式已不再是单一的依靠土地，更多的人选择进入城镇中寻找就业机会和生活，

① 1亩等于667平方米。
② 魏程琳，史明萍.“空心村”治理与宅基地制度变革——基于广西富县实地调研[J].城市规划，2017(1).

越来越多的农民成为准城镇人口，农民对于宅基地的诉求不仅仅限于居住保障的功能了，他们迫切地希望能够通过宅基地实现资金融通获取利益最大化。因此，农村宅基地有偿退出是破除宅基地财产功能限制性、盘活农村闲置土地资源、增加农民的财产性收入的有效途径。

二、农村宅基地退出的现实价值

（一）缓解城镇化发展中土地供需矛盾

1998 年以前，由于缺少对土地用途的管制，地方政府在发展经济和城镇扩张建设的过程中占用了大量的耕地，随之引发了整个社会对于粮食安全的焦虑。[①] 为了保护耕地、保证粮食供应安全，我国在 1998 年修订的《中华人民共和国土地管理法》中规定了地方政府进行建设的前提是有建设用地的指标，如果地方政府进行建设需要占用耕地的话，必须新增同等面积的耕地。为了在有限的土地资源中平衡好城镇发展建设用地和耕地资源的需求，国土资源部在 2008 年印发了《城乡建设用地增减挂钩试点管理办法》，明确了“城乡建设用地增减挂钩”的做法和要求。虽然中央政府每年都会给地方政府下达建设用地的指标，但由于土地用途管制的严格，地方政府建设用地指标还是存在很大缺口，因此想要利用增减挂钩来获取城镇建设用地指标就需要减少农村建设用地的面积。政府出台宅基地有偿退出的政策来鼓励农民退出多余的、闲置的宅基地，利用“城乡建设用地增减挂钩”这一特殊的政策安排，将农民腾退后的宅基地复垦为耕地，再以同等的面积来置换城镇发展建设用地，能够有效缓解我国城镇化进程中建设用地指标紧张，土地供给不足的难题。

（二）盘活土地资源，切实保障和维护农民土地财产权益

由于国家现行的法律政策限制，农村宅基地不可以违规转让，但是为了尊重和保护农民的房屋所有权，允许“地随房走”形式的宅基地使用权转让，但这种形势下的宅基地使用权转让是无偿的。同时为了防止宅基地的使用权以房屋转让的形式进行流通而造成耕地资源和农村建设用地流失的后果，相关法律还规定

① 贺雪峰. 城乡建设用地增减挂钩政策的逻辑与谬误 [J]. 学术月刊，2019（1）.

不得以直接或者间接的方式将宅基地使用权转让给城镇居民，禁止城镇居民在农村购买宅基地。这样一来，宅基地虽属于用益物权的范畴，但实际上农民只享有农村宅基地使用权，宅基地收益权缺失。党的十八大和十九大都特别强调要激活农村要素资源，增加农民财产性收入。根据当前土地制度的改革方向，推进农村宅基地有偿退出能够激活宅基地这一“沉睡的资产”。宅基地有偿退出的政策出台后，那些常年在城镇中工作和生活的农业转移人口或者那些有意愿进入城镇中发展的农民就可以将自身闲置的宅基地以有偿退出的方式换取现金或者其他形式的补偿。实行宅基地有偿退出的政策不仅对于激发宅基地市场的活力具有重要的意义，也有利于真正实现城乡土地平等发展，而且还能有力地激活农村宅基地这一巨量的“沉睡”资本，切实保障农民的财产权益。

（三）促进农民市民化转变

农业转移人口进城完成了从农村到城镇的空间移动和从农民到农民工的职业转变，但大多数都未能从农民身份真正转变为市民。究其原因，除了农民在住房、教育、医疗和养老等方面无法与城镇居民享受同等权利的原因之外，现行的农村土地制度尤其是宅基地制度也占有很大一部分原因。在现行的宅基地制度框架下，农民基于农村集体经济组织成员的身份可以无偿并且无期限使用宅基地，即使农民进城务工造成宅基地闲置，但其宅基地闲置产生的留置成本几乎为零，这一特点更加重了农民进城后的恋乡情结，因而他们也很愿意将宅基地当作将来年老还乡的一个根据地。相关政策规定宅基地只能在农村农民内部进行流转，加之现阶段缺乏有效的宅基地退出机制，农民无法利用宅基地来为其定居城镇提供资本支持，最终导致那些已经具备转化为市民条件的农民无法毅然决然地转化为市民。有效的宅基地退出机制能激发进城务工农民退出闲置宅基地来换取其他利益，隔断农民与宅基地之间的依附关系，也能坚定农民转化为市民的决心。

（四）助推乡村振兴战略

为了不断提高农民在产业发展中的参与度和受益面，彻底解决农村产业发展和农民就业的问题，确保当地群众长期稳定增收、安居乐业，党的十九大报告提出了实施乡村振兴战略。乡村振兴要实施，产业兴旺是关键。农村产业的发展是解决农民就业问题、实现农民收入增加、促进农村繁荣发展的重要基础，也是实施振兴战略的重要推动力。在国家严禁逾越耕地红线、建设用地指标稀缺的情况下，要发展产业就必须解决“地从哪来”的问题。推进实施宅基地有偿退出政策，将农村大量闲置的宅基地回收盘活后加以高效利用，能够为农村产业的发展提供土地空间，将产业真正落地，进而顺利推进乡村振兴战略的实施。

三、农村宅基地退出政策梳理

（一）国家层面的政策

1986 年，我国首部《中华人民共和国土地管理法》开始实施，明确提出“一户一宅”政策和宅基地面积不得超标。1988 年至今，农村宅基地进入有偿使用时期。从 1988 年开始，我国政府要求农村宅基地实行有偿使用的试点工作，农村宅基地可以在集体组织内部流转。2000 年之后，我国在全国范围内，在有条件的地方，普遍开展农村宅基地的有偿使用工作，并不断探讨农村宅基地的有偿退出制度。2007《中华人民共和国物权法》的颁布明确了农户对宅基地享有的用益物权，此后国家在对宅基地加强管理的同时也在不断完善宅基地的权利制度安排。例如，在 2004 年和 2008 年发布的相关政策文件中提出，要求各地要制定相应政策措施激励农民腾退多余宅基地，严格对宅基地进行管理，同时要依法保障农户对宅基地具有的用益物权。2012 年，通过户籍制度改革放宽对农村宅基地的限制。但是这一时期国家对宅基地所具有的资产价值的挖掘和如何盘活利用闲置宅基地方面的关注度不强。2014 年中央一号文件《关于全面深化农村改革加快推进农业现代化的若干意见》在保障农民宅基地用益物权的前提下对农村农户宅基地分配政策做进一步的说明。2015 年《关于农村土地征收、集体经营性建设用地入市、宅基地制度改革试点工作的意见》（以下简称《意见》）的出台标志着国家对宅基地的改革进入试点阶段。《意见》中对进城落户的农户宅基地自愿或有偿退出、对如何取得宅基地和宅基地权益保障以及如何实现农户对宅基地所具有的各项权益都进行了说明，国家提倡在保障农户的宅基地财产权基础上，深度探索宅基地有偿使用制度和自愿有偿退出机制。2016 年中央一号文件提出要加快推进宅基地确权颁证工作，同时农村宅基地制度改革试点工作开始联动部署。2017年中央一号文件《关于深入推进农业供给侧结构性改革加快培育农业农村发展新动能的若干意见》要求总结宅基地改革试点经验，放松对闲置宅基地和闲置农户的管制，努力提高利用率增加农民财产性收入。2018年是国家实行乡村振兴战略的开局之年，中央一号文件内容再度锁定“三农”问题，并首次提出农村宅基地所有权、资格权、使用权“三权分置”（见表2-1）。

表2-1 国家层面宅基地退出相关政策

时间	政策文件名称	政策主要内容
2004年	《关于加强农村宅基地管理的意见》	各地要制定相应政策措施激励农民腾退多余宅基地，新建住宅后应按期拆除旧房退出宅基地
2008年	《关于促进节约集约用地的通知》 《关于推进农村改革发展若干重大问题的决定》	各地政府要先行安排利用空闲地、闲置宅基地为住宅建设用地，并可以给予自愿腾退宅基地或符合宅基地申请条件购买空闲住宅的农民奖励或补助。 完善农村宅基地制度，严格宅基地管理，依法保障农户宅基地用益物权
2009年	《关于促进农业稳定发展农民持续增收的若干意见》	各地政府应抓紧编制乡镇土地利用规划和乡村建设规划，科学合理安排村庄建设用地和宅基地，根据区域资源条件修订宅基地使用标准。农村宅基地和村庄整理所节约的土地，首先要复垦为耕地，用作折抵建设占用耕地补偿指标必须依法进行，必须符合土地利用总体规划，纳入土地计划管理
2014年	《关于进一步推进户籍制度改革的意见》	现阶段，不得以退出土地承包权、宅基地使用权、集体收益分配权作为农民进城落户的条件
2015年	《关于农村土地征收、集体经营性建设用地入市、宅基地制度改革试点工作的意见》	我国农村土地制度改革进入试点阶段，各地需探索进城农民在本集体经济组织内部自愿有偿退出或转让宅基地的新型制度
2015年	《深化农村改革综合性实施方案》	在保障农户依法取得的宅基地用益物权基础上，探索宅基地有偿使用制度和自愿有偿退出机制，加快推进宅基地和集体建设用地使用权确权登记颁证工作
2016年	中央一号文件《关于落实发展新理念加快农业现代化实现全面小康目标的若干意见》	推进农村宅基地制度改革试点，完善宅基地保障和取得方式
2016年	《关于实施支持农业转移人口市民化若干财政政策的通知》	维护进城落户农民土地承包权、宅基地使用权、集体收益分配权。要通过健全农村产权流转交易市场，逐步建立进城落户农民在农村的相关权益退出机制，积极引导和支持进城落户农民依法自愿有偿转让相关权益，促进相关权益的实现和维护
2017年	中央一号文件《关于深入推进农业供给侧结构性改革加快培育农业农村发展新动能的若干意见》	认真总结农村宅基地制度改革试点经验，在充分保障农户宅基地用益物权、防止外部资本侵占控制的前提下，落实宅基地集体所有权，维护农户依法取得的宅基地占有和使用权，探索农村集体组织以出租、合作等方式盘活利用空闲农房及宅基地，增加农民财产性收入
2018年	《关于实施乡村振兴战略的意见》	完善农民闲置宅基地和闲置农房政策，探索宅基地所有权、资格权、使用权“三权分置”，落实宅基地集体所有权，保障宅基地农户资格权和农民房屋财产权，适度放活宅基地和农民房屋使用权

（二）地方层面的政策

目前，广西尚未出台专门、系统的农村宅基地退出政策，与此相关的规定散落在宅基地相关的管理政策中。

1. 宅基地退出与复垦制度

广西于 2013 年颁布实施了《广西壮族自治区农村宅基地审批管理办法》，主要确立了宅基地退出与复垦的制度，首次对宅基地退出以及宅基地退出之后的使用和管理作了规定，并从村民、集体、政府三个层面进行了相应的规范。

（1）村民层面。村民申请异地兴建新房，建好并入住以后，对原废旧住房要进行自主拆除并复垦复绿，复垦后的土地原则上由村集体组织承包给该宅基地的原使用权人耕种。

（2）集体层面。对新农村建设或自然灾害、事故灾难避险等整体搬迁后的旧村庄，应由村集体组织统一复垦，复垦的耕地重新调整承包给村民耕种。

（3）政府层面。各级人民政府应统筹考虑废弃旧宅基地的复垦与农民新居建设安排，组织引导农民集中居住，逐步提高农民居住集中度，集约安排农村宅基地。村民申请异地建新房的，必须与村集体组织签订拆除旧房保证书，承诺对原宅基地实施复垦、复绿。同时提交原宅基地的注销登记申请，原宅基地的注销登记与拆旧建新用地审批手续同时办理。

2.“先复垦、后挂钩”的整治利用模式

近年来，广西农村建房热度升高，“一户多宅”现象屡见不鲜，越来越多的农村劳动力在城镇买房，还有一部分有经济实力的农户回到村里建新房，却不拆旧屋，这些都是造成农村闲置的宅基地众多的主要原因。针对这一现象，通过深入的调查研究和实践探索，2014 年 7 月，广西出台了《关于农村闲置宅基地整治利用的实施意见》，这为如何有效地整治利用农村闲置宅基地提供了有力的政策依据。实施意见中主要是确立了“先复垦，后挂钩”的模式。该模式的主要实施方法是：以增减挂钩及土地整治为主要抓手，通过采取换地换房、经济补偿等多种退出途径，积极推动农村闲置宅基地的复垦整治。退出的农村闲置宅基地优先复垦为耕地，复垦以后由农村集体经济组织优先承包给该宅基地原使用权所有

人耕种，优先保障农户和村集体经济的权益。对于不符合复垦为耕地条件的农村闲置宅基地，则根据实际情况复垦为林园等农用地。后挂钩是指农村建设用地减少与城镇建设用地增加直接挂钩，即复垦整理的建设用地增加了耕地，城镇就可对应增加同等面积的建设用地。因为我国实施耕地保护政策，保证耕地的占补平衡，通过宅基地退出而复垦整理出来的耕地可以置换成对等的城镇建设用地指标。一方面，充分运用国家关于农村土地整治和"城乡建设用地增减挂钩"政策，将闲置宅基地复垦为耕地和其他农用地，将腾退农村建设用地和城镇建设用地增长相挂钩，解决保障发展和保护耕地的矛盾问题；另一方面，运用激励和规管并用的手段，给予农民合理的补偿，鼓励农民自主退出闲置宅基地。

3. 鼓励易地扶贫搬迁并进行差异化补偿

2016年，广西印发了《广西壮族自治区鼓励易地扶贫搬迁差异化补偿办法》（以下简称《办法》）。广西区域内拥有合法农村住房及宅基地的实施异地搬迁建档立卡的贫困户，按照宅基地管理相关规定自愿退出其宅基地及地上附着建(构)筑物，均可获得相应的退出宅基地补偿、补助。《办法》还明确，贫困户通过退出宅基地可获得宅基地补偿、地上附着的建（构）筑物补偿的两种补偿，自行复垦宅基地经验收合格达到农用地标准的还可以获得复垦补助。

宅基地的补偿标准分两种，一是退出宅基地之后不再申请新的宅基地的。法定宅基地面积按予以4万～6万元/亩补偿，超出部分按予以2万～3万元/亩补偿。二是退出宅基地后需要重新申请宅基地的。新安排宅基地低于原宅基地面积的，法定面积范围内差额面积按照予以4万～6万元/亩补偿，超出法定最高标准的差额面积按照予以2万～3万元/亩补偿。而地上附着的建（构）筑物补偿则按照当地征地拆迁补偿标准予以补偿。自行复垦补助也分为两种情况，一是复垦为耕地的按照自治区征收瘀斑耕地的开垦费标准予以补助，即复垦为水田的补助20元/平方米、复垦为旱地的补助12元/平方米；二是复垦为耕地以外的其他农用地的，按照旱地补偿标准的70%予以补助。

广西农村宅基地政策是在国家相关宅基地政策的基础上，结合广西宅基地退出现状，对国家宅基地政策进一步加强和细化，使广西的农村宅基地退出更具科学合理性及可操作性。广西最近的农村宅基地政策更偏向于农村闲置宅基地整治利用、农业转移人口退出、异地扶贫搬迁方面，通过城乡建设用地增减挂钩和易地扶贫搬迁等项目推进农业转移人口向城镇集中，不断完善农村村庄规划和宅基地布局，保护耕地资源的同时保障城镇建设用地的需要，普遍体现的是对农民宅基地权益的保护，显现出的是农业转移人口退出农村宅基地的发展趋势（见表 2-2）。

表 2-2　广西农村宅基地退出的相关政策

时间	政策文件名称	政策主要内容
2014 年 7 月 29 日	《关于农村闲置宅基地整治利用的实施意见》	大力整治利用闲置宅基地，合理引导广西农村人口向城镇、中心村集聚，依法引导广西农村土地向规模经营集中
2015 年 3 月 10 日	《关于进一步推进全区户籍制度改革的指导意见》	现阶段，全区不得以退出宅基地使用权作为农民进城落户的条件。进城落户农民是否有偿退出，应在充分尊重农民意愿前提下开展试点
2016 年 8 月 17 日	《广西壮族自治区鼓励易地扶贫搬迁差异化补偿办法》	鼓励实施易地搬迁的贫困户拆除原居住旧房、退出原有宅基地并复垦，全区贫困户自愿退出宅基地的可获现金补偿
2017 年 8 月 14 日	《关于大力推进城乡建设用地增减挂钩促进城乡统筹发展和易地扶贫搬迁的通知》	发挥增减挂钩的积极作用，鼓励易地扶贫搬迁的和非易地扶贫搬迁的农民退出宅基地，分别按照自治区已确定的标准给予搬迁户奖励

第三章

政策供给下广西农业转移人口宅基地退出意愿分析

一、数据来源

本书抽样调查选取的五个县分别是位于桂南区的广西南宁市宾阳县、横县；以工业为重点的桂中区的柳州市融安县；以现代农业、外向型经济为重点的桂东区的贵港市平南县和玉林市陆川县。宾阳县地处广西中南部，南宁市东北部，地势南高北低，是桂中南重要交通枢纽之一，为中国炮龙之乡。横县地处广西南部，南宁市东部，居住郁江中游，享有“中国茉莉之乡”的美誉，是广西北部湾经济区沿江近海靠城的重点县域。融安县位于广西北部，县境地势东高西低，属自治区扶贫开发重点县，是国家滇桂黔石漠化片区扶贫开发县之一，也是全区28个“十二五”城镇化重点建设小城市之一。平南县位于广西东南部，西江上游，处于大西南地区与沿海发达地区的结合部，西江黄金水道穿境而过，是大西南东向出海的便捷通道。陆川县地处广西东南端，是玉林市融入珠三角经济区和广西北部湾经济区的前沿阵地，是桂东南抗日武装起义打响第一枪的红土地，是广西第一批对外开放旅游县。其中横县、平南县、陆川县在2017年度广西各县市GDP排名中均进入前十行列，详见表3-1所示。

表3-1　样本分布情况

地域	市、县	镇	村（屯）
桂南	南宁市、宾阳县	宾州镇、黎塘镇	临浦、新城、龙胜
桂南	南宁市、横县	横州镇、校椅镇	城东、横塘、石井
桂中	柳州市、融安县	长安镇、浮石镇	上沙、长盛、浮石
桂东	贵港市、平南县	大鹏镇、官城镇	大鹏社区、官东
桂东	玉林市、陆川县	温泉镇、良田镇	温泉、桥头

为了保证调查数据的准确性和完整性，本次调研采取随机抽样的方式，利用节假日外出务工人员集中返乡期间对农业转移人口群体进行抽样调研，请户主或者家庭成员亲自回答调查问卷。针对农业转移人口的调查共计发放400份问卷，剔除不合格问卷24份，获得有效问卷376份，问卷有效率为94%。另外对基层政府工作人员进行焦点团体或个人访谈，同时也进行问卷调查，发放问卷100份，获得有效问卷100份，本书对这100份问卷作单独分析。本书如无特别说明，数据分析的样本量仅指对农业转移人口的376份的有效调查问卷。

二、样本特征

根据表3-2统计结果显示，受访人数中男性人数略多于女性人数。在年龄方面，50岁及50岁以下人数占总体样本的81.4%，多集中在31～40岁及41～50岁，这两个年龄段的农业转移人口是宅基地退出的主要群体。文化程度方面，受访者文化程度多集中在初中、中专或高中，占总样本人数的64.1%。相比于上一代年龄更大的农业转移人口来说，现如今农业转移人口接受教育的人数在不断增加，其学历学识都有了较大的提高，但在当代知识经济高速发展的社会中，拥有大专、本科及硕士学历的人才已经不再像以前那么稀缺，越来越多高学历的人在城镇工作，导致农业转移人口在城镇中处于总体学历水平最低的境地，也正因如此他们在城镇中从事的大多是低技能、低工资且劳动强度大的工种。仅有15.4%的农业转移人口在城镇购置房屋，有88.6%的农业转移人口表示若在城镇购买房子，在经济上的压力较大。

表3-2　样本特征的描述性统计

相关情况	选项		频率	有效率（%）	累积率（%）
性别	有效	男	207	55.1	55.1
		女	169	44.9	100.0
年龄	选项		频率	有效率（%）	累积率（%）
	有效	18～30岁	28	7.4	7.4
		31～40岁	149	39.6	47.1
		41～50岁	129	34.3	81.4
		51～60岁	49	13.0	94.4
		61～70岁	18	4.8	99.2
		71岁及以上	3	0.8	100.0

续表

相关情况	选项		频率	有效率（%）	累积率（%）
文化程度	有效	未读书或小学	66	17.6	17.6
		初中	133	35.4	52.9
		高中或中专	108	28.7	81.6
		大专	48	12.8	94.4
		本科及以上	21	5.6	100.0
城镇居住的方式	有效	已买房	58	15.4	15.4
		长期租房	61	16.2	31.6
		有买房的计划	95	25.3	56.9
		单位提供的住房或宿舍	59	15.7	72.6
		同乡或亲友提供	33	8.8	81.4
		没有在城镇居住	70	18.6	100.0
在城镇购买房子的经济压力	有效	压力很大	198	52.7	52.7
		有点压力	135	35.9	88.6
		压力小	37	9.8	98.4
		基本没有压力	6	1.6	100.0

三、广西农业转移人口宅基地退出意愿

本书在研究广西农业转移人口宅基地退出意愿方面，利用调查问卷得到的数据进行分析，结果如下。

（1）农业转移人口退出宅基的意愿普遍不高。宅基地退出的总体分析如表 3-3 所示，在调查的 376 位农户样本中，有 153 位农户愿意退出宅基地，占全体样本的 40.7%，有 223 位农户选择不愿意退出宅基地，人数占全体样本的 59.3%，表明农业转移人口退出宅基地的意愿普遍不高。

表 3-3　您是否愿意宅基地有偿退出

选项		频率	占比（%）	有效率（%）	累积率（%）
有效	愿意	153	40.7	40.7	40.7
	不愿意	223	59.3	59.3	100.0
	合计	376	100.0	100.0	

通过实地调研，发现大量农村宅基地闲置，宅基地利用率较低。如表 3-4 所示，有 74.5% 的农业转移人口认为，自己所在村子的闲置宅基地多，农村宅基

地的利用效率较低。通过对政府工作人员的访谈得知，由于农业转移人口留在城镇工作，只有逢年过节的时候才会回乡住上几天，或在城镇买房定居不愿意回农村居住却又不退出宅基地，是大多数宅基地闲置的原因。远郊区的农业转移人口留在城镇务工逢年过节才回乡的原因居多，而近郊区的农业转移人口在城镇买房定居却又不愿意退出宅基地的原因较多。相对来说，近郊区的宅基地闲置稍微少一点，因为近郊区的生活条件和城镇差距较小，宅基地对农业转移人口的吸引力较大。但无论远近郊，都存在不少的"一户多宅"现象，"一户两宅"较为突出。出现这种现象的可能的主要原因是建新房不拆旧房、继承或购买他人宅基地、城镇居民在农村买地建楼。"一户多宅"现象显现出在广西农村宅基地的管理工作还有待加强和完善，同时也反映了农业转移人口合法使用宅基地的法律意识还有待提高。"一户多宅"现象不利于农村集体用地的高效集约节约利用，也不符合宅基地管理规定。同时，从与政府工作人员的访谈得知：农村宅基地面积很多是超标的，很多农业转移人口不清楚广西宅基地的面积标准，对相关政策了解较少，宅基地资源浪费严重。可见，宅基地退出潜力巨大，村庄规划还需进一步完善，城镇建设用地还有很大的发展空间。

表 3-4　您所在村子闲置的房子多吗

选项		频率	占比（%）	有效率（%）	累积率（%）
有效	很多	37	9.8	9.8	9.8
	有点多	243	64.6	64.6	74.5
	没有	96	25.5	25.5	100.0
	合计	376	100.0	100.0	

（2）在城镇有买房计划的农业转移人口退出宅基地的意愿最强烈。如表 3-5 所示，卡方检验中双尾检验值小于置信水平，可以认为城镇的居住方式与退出意愿关系显著。在对农业转移人口是否愿意退出宅基地与农业转移人口在城镇的居住方式进行交叉分析时发现，在愿意宅基地被有偿使用的人中，有买房计划的人数比例最高，为 29.4%，说明有买房计划的人退出宅基地的意愿最为强烈，原因可能是因为有偿退出宅基地后，他们可以获得现金或者换置城镇住房等的补偿，这些都可以缓解他们在城镇购房的压力。在不愿意宅基地被有偿使用的人中，没有在城镇居住的人占 24.2%，比例最高，原因可能是这部分人群若是退出宅基地

可能面临“无家可归”的处境，退出的意愿最不强烈。样本中在城镇已买房的人数仅占样本总人数的 15.4%，表明农业转移人口虽然大多时候都在城镇里打工，但在城镇里没有真正属于自己的住房，即使常年在外一年中很少在自己的家乡居住，不论如何老家的房子才是真正属于他们、能够庇护他们，才是让他们充满安全感的家，这可能是他们不愿意退出宅基地的原因（见表 3-6）。

表 3-5　您在城镇居住方式 * 您是否愿意宅基地有偿退出卡方检验

项目	值	df	渐进 Sig（双侧）
Pearson 卡方	17.494[a]	5	0.004
似然比	18.091	5	0.003
线性和线性组合	14.820	1	0.000
有效案例中的 N	376		
a. 0 单元格（0.0%）的期望计数少于 5。最小期望计数为 13.43			

表 3-6　您在城镇居住的方式 * 您是否愿意宅基地有偿退出交叉制表

项目			您是否愿意宅基地有偿退出		合计
			愿意	不愿意	
您在城镇居住的方式	已买房	计数	32	26	58
		您是否愿意宅基地有偿退出中的占比	20.9%	11.7%	15.4%
		总数的占比	8.5%	6.9%	15.4%
	长期租房	计数	27	34	61
		您是否愿意宅基地有偿退出中的占比	17.6%	15.2%	16.2%
		总数的占比	7.2%	9.0%	16.2%
	有买房的计划	计数	45	50	95
		您是否愿意宅基地有偿退出中的占比	29.4%	22.4%	25.3%
		总数的占比	12.0%	13.3%	25.3%
您在城镇居住的方式	单位提供的住房或宿舍	计数	20	39	59
		您是否愿意宅基地有偿退出中的占比	13.1%	17.5%	15.7%
		总数的占比	5.3%	10.4%	15.7%
	同乡或亲友提供	计数	13	20	33
		您是否愿意宅基地有偿退出中的占比	8.5%	9.0%	8.8%
		总数的占比	3.5%	5.3%	8.8%
您在城镇居住的方式	没有在城镇居住	计数	16	54	70
		您是否愿意宅基地有偿退出中的占比	10.5%	24.2%	18.6%
		总数的占比	4.3%	14.4%	18.6%

续表

项目		您是否愿意宅基地有偿退出		合计
		愿意	不愿意	
合计	计数	153	223	376
	您是否愿意宅基地有偿退出中的占比	100.0%	100.0%	100.0%
	总数的占比	40.7%	59.3%	100.0%

（3）农业转移人口更倾向选择宅基地置换商品房的退出模式。如表 3-7 所示，卡方检验表中双尾检验值小于置信水平，说明退出模式与退出意愿关系显著。通过更进一步的分析发现，在愿意退出宅基地的人群中有 51% 的农业转移人口更倾向于选择宅基地置换商品房的退出模式，选择现金补偿或宅基地换城镇居民的社会保障或现金 + 社保组合补偿的人数仅占愿意退出宅基地人数的 13.8%；不愿意退出宅基地的农户更倾向于购买政府自建安置房的退出模式，选择现金补偿、宅基地换城镇居民的社会保障或现金 + 社保组合补偿的人数仅占不愿意退出宅基地人数的 24.6%。这说明当前广西农业转移人口更愿意接受“以宅基地换商品房”的宅基地实物补偿退出模式，而愿意接受物质补偿即现金补偿或社保补偿的人数却比预想中的少，原因可能是农户认为现金补偿的标准过低，宅基地退出之后得到的现金补偿还是买不起城镇住房；不愿选择社保补偿可能是因为“社会保障”是一项要经过多年之后才能看得到“收益”的行为，大部分农户更看重眼前既得利益，对未来其他不确定性的成本和收益考虑较少（见表 3-8）。

表 3-7 以下几种宅基地退出模式，您最愿意选哪一种 * 您是否愿意宅基地有偿退出卡方检验

项目	值	df	渐进 Sig（双侧）
Pearson 卡方	48.100[a]	5	0.000
似然比	49.635	5	0.000
线性和线性组合	31.165	1	0.000
有效案例中的 N	376		
a. 0 单元格（0.0%）的期望计数少于 5。最小期望计数为 8.14。			

表 3-8　以下几种宅基地退出模式，您最愿意选哪一种 * 您是否愿意宅基地有偿退出交叉制表

项目			您是否愿意宅基地被有偿征用		合计
			愿意	不愿意	
以下几种宅基地退出模式，您最愿意选哪一种	宅基地置换商品房	计数	78	47	125
		您是否愿意宅基地有偿退出中的占比	51.0%	21.1%	33.2%
		总数的占比	20.7%	12.5%	33.2%
	宅基地置换小产权房	计数	33	41	74
		您是否愿意宅基地有偿退出中的占比	21.6%	18.4%	19.7%
		总数的占比	8.8%	10.9%	19.7%
	购买政府的自建安置房	计数	21	80	101
		您是否愿意宅基地有偿退出中的占比	13.7%	35.9%	26.9%
		总数的占比	5.6%	21.3%	26.9%
	现金补偿	计数	9	21	30
		您是否愿意宅基地有偿退出中的占比	5.9%	9.4%	8.0%
		总数的占比	2.4%	5.6%	8.0%
	宅基地换城镇居民的社会保障	计数	7	13	20
		您是否愿意宅基地有偿退出中的占比	4.6%	5.8%	5.3%
		总数的占比	1.9%	3.5%	5.3%
	现金 + 社保组合补偿	计数	5	21	26
		您是否愿意宅基地有偿退出中的占比	3.3%	9.4%	6.9%
		总数的占比	1.3%	5.6%	6.9%
合计		计数	153	223	376
		您是否愿意宅基地有偿退出中的占比	100.0%	100.0%	100.0%
		总数的占比	40.7%	59.3%	100.0%

（4）农业转移人口宅基地退出意愿的区域差异不明显。如表 2-9 所示，宅基地的区位位置与农业转移人口退出宅基地的意愿呈不显著关系。不论宅基地是在近郊、远郊还是城中村的农业转移人口，不愿意退出宅基地的意愿都显著高于同意宅基地退出的意愿。宅基地在偏远小山村的农业转移人口不愿意退出宅基地的人数比例相对于愿意退出宅基地的人数比例更高，但两者相差不大。农业转移人口退出宅基地的意愿偏低，不论是远郊区还是近郊区的农户，大部分人都没有能力在城镇购置房屋，对于宅基地退出考虑得比较多，行为决策偏向保守，退出意愿普遍较低。

表 3-9　您家的农村宅基地是在 * 您是否愿意宅基地有偿退出卡方检验

项目	值	df	渐进 Sig（双侧）
Pearson 卡方	5.654[a]	4	0.226
似然比	5.618	4	0.230
线性和线性组合	0.399	1	0.527
有效案例中的 *N*	376		
a：1 单元格（10.0%）的期望计数少于 5。最小期望计数为 4.07			

总的来说，广西农业转移人口宅基地退出的意愿普遍不高。愿意退出宅基地的农业转移人口多为那些计划在城镇买房的人；在退出模式上，农业转移人口更倾向于选择以宅基地换城镇住房或者购买政府自建安置房的退出模式；农业转移人口宅基地退出意愿的区域差异不明显，不论处在哪些区域位置的农业转移人口都更倾向于保守的行为决策，退出意愿总体上普遍不高。

“建新不拆旧”是广西农村的传统。大部分农户都是在自家宅基地上自主建房，俗称“天地楼”。即便在城镇已购买房子，也要在老家盖起一栋“天地楼”以光耀门楣或便于年老时“叶落根归”。随着城镇化和工业化的快速发展，农户分化凸显，较多农户已经半脱离或彻底脱离农业，转移到相对高收入的第二产业或第三产业。这些农业转移人口长年不在农村居住，只有在逢年过节之时才会回到“老家”（农村的房子）短暂居住几天，所以这些农业转移人口在农村的房子基本处于闲置状态。在当前广西出台的相关宅基地退出的制度安排下，农业转移人口退出宅基地的意愿不是非常强烈，大多数出于观望状态。

有两种情况值得注意，一是“落叶归根”的传统思想和“退宅”后在城镇发展不好的担忧是他们不愿意退出闲置宅基地的主要原因。例如，南宁横县横州镇城东村的黄某（农业转移人口）说：“我虽在外打工多年，但是城镇生活成本太高了，不知道到底能不能在城里扎下根来，虽然老家的房子总是没人住，但毕竟还是属于自己的根，还有一份保障。”（20170120NNHXHZHCHDH）贵港平南县官城镇关东村的李某说：“我们家现在已经完全迁到城市生活了，但是老家的房子还在，我的思想还是比较传统的，即使在城市生活这么多年，还是想要留住自己的祖屋的，毕竟这是老祖宗留下来的。”（20170101GGPNGCHGDL）

二是对于有意愿退出闲置宅基地的农业转移人口，主要是希望能通过退出闲置宅基地来获得较为可观的补偿，以便在城镇购买商品房或作为在城镇发展的“启动资金”。这部分农业转移人口目前的经济能力往往欠佳。诚如学者彭长生所说，“农民失去宅基地功能的各种影响与可以获得的各种补偿或安置之间的比较将成为农民选择退出宅基地的决定性因素”①。愿意退出闲置宅基地的农业转移人口，主要是因为传统农业收入较低，不足以支撑家庭经济生活，希望能通过退出闲置宅基地来获得相应的收益。南宁宾阳县黎塘镇龙胜村的蒙某说：“一亩田一季种水稻，一季种花生，每亩水稻能收成1350元，每亩花生能收成1800元，除去生产成本，一年种地收入也就4500元左右，遇到气候不好的时候还更差，这点收成没法养家糊口，只能外出打工，家里的房子也没人住，如果退出能有合理的补偿的话，是愿意的。”（20170405NNBYLTLSHM）玉林陆川县温泉镇温泉村的苏某说：“我们夫妻俩一年能有七八个月都在广东打工，只有在农忙时节回家务农，但务农的收入也是很微薄的，根本不够供孩子念书和家庭日常开销。说到退出宅基地，“如果能够置换城镇住房，我是很乐意的。”（20170501YLLCHWQWQS）

截至2015年，广西符合发证条件的宅基地发证率由2009年58.6%提高到了94.29%，全区的发证工作基本完成。②通过访谈了解到，绝大多数农业转移人口已经办理确权登记手续、获取证书，宅基地已是权属合法、界址清楚、面积准确、无争议的。但是笔者在查阅资料和访谈中发现还是有一些农业转移人口的宅基地是没有确权的。没有确权的主要原因是其不能提供合法有效的土地权属来源证明或不符合“一户一宅”的规定。从产权理论来看，宅基地确权可以有效地降低宅基地退出成本，为农业转移人口退出农村宅基地提供合理依据。2015年，按照《国土资源部、中央农村工作领导小组办公室、财政部、农业部关于农村集体土地确权登记发证的若干意见》和自治区人民政府《关于加快推进农村宅基地使用权登记发证工作的通知》等文件要求，广西国土资源管理部门继续推进农村宅基地及集体建设用地使用权确权登记发证工作（以下简称二期工程），组织开展了二期工程的内业检查、外业核查和综合检查验收。基本查清了全区重点区域农村宅基地使用权的位置、权属、界址、面积和利用状况，完成了全区重点区域范围内所有农村宅基地使用权档案的扫描、录入、挂接任务，建立了重点区域农

---

① 彭长生，范子英. 农户宅基地退出意愿及其影响因素分析——基于安徽省6县1413个农户调查的实证研究 [J]. 经济社会体制比较，2012（2）：154-162.

② 农村宅基地确权登记发证完成时 [EB/OL].（2016-02-29）[2018-02-29]. https://www.tuliu.com/read-22382.html.

村宅基地使用权登记数据库，数据库基本满足了日常管理、更新和查询工作的需要，为农村的不动产统一登记夯实了基础，为农业转移人口农村宅基地退出工作的实施提供了产权依据。[①]

① 农村宅基地确权登记发证完成时 [EB/OL].（2016-02-29）[2018-02-29].https://www.tuliu.com/read-22382.html.

第四章

二重理性视角下广西农业转移人口宅基地退出的影响因素

二重理性理论最早由马克斯·韦伯提出。他在著作中对价值理性和工具理性的概念做了详细的解释，二者虽有差异却又是人的行为中不可分割的两部分。韦伯认为，价值理性和工具理性在本质上具有统一性，价值理性和工具理性分别被用来解决行为主体“做什么”和“如何做”的问题。①价值理性不在乎功利，只注重这种行为的内在价值和带来的意义；工具理性则追求那些有助于实现行动者行为目的的有效手段或者有用的工具。如果只注重理性的某一方面可能带来发展的失衡和人性的扭曲与异化。为了避免此类情况的出现，理性的两个方面必须实现和谐统一。

韦伯提出的价值理性与工具理性二分法已在学术界成为一种理论事实并被广泛应用②，价值理性和工具理性是一种极具解释力和包容性的理论分析框架。③学者们多以二重理性作为一种研究视角对不同问题进行分析和探究。例如，陈龙从价值理性和工具理性的视角研究如何构建地方税体系。④彭国甫和张玉亮基于价值理性和工具理性的视角研究地方政府公共事业管理绩效评估的发展方向。⑤王曼等依托价值理性和工具理性的视角来研究农户土地流转意愿的影响因素。向德平等从价值理性和工具理性出发阐述贫困治理中社会扶贫主体价值理性和工具理性选择的原则及效果。⑥王彩云以价值理性和工具理性为载体分析中国的民主

① 张宏．工具理性与价值理性的整合——教育技术发展的现实思考 [J]. 教育研究，2016，37（11）.

② 王彩云．中国民主化进程中工具理性和价值理性的分裂与融合 [J]. 江汉论坛，2011（10）.

③ 王曼，娄季春．韦伯二重理性视角下农户土地流转意愿及影响因素研究——以河南省新乡市为例 [J]. 中国行政管理，2019（2）.

④ 陈龙．构建地方税体系：促进工具理性和价值理性的平衡 [J]. 财政科学，2018（4）.

⑤ 彭国甫，张玉亮．追寻工具理性与价值理性的整合——地方政府公共事业管理绩效评估的发展方向 [J]. 中国行政管理，2007（6）.

⑥ 向德平，刘风．价值理性与工具理性的统一：社会扶贫主体参与贫困治理的策略 [J]. 江苏社会科学，2018（2）.

建设。[①]刘俊英等基于价值理性和工具理性分析贫困治理中的绩效评价问题。

韦伯的价值理性与工具理性二分法的理论分析框架具有广泛的应用性，对一些问题的分析具有较强的解释力。目前，鲜有从价值理性与工具理性的视角研究宅基地退出的文献。实际上，农业转移人口退出宅基地是一个理性决策的过程，既有农业转移人口对宅基地传统价值和意义的追求，也有对宅基地退出过程中各种利益的权衡，这与韦伯的价值理性和工具理性相契合，因此笔者引入价值理性、工具理性对农业转移人口宅基地退出意愿进行分析研究。以韦伯二重理性为分析框架对影响广西农业转移人口宅基地退出意愿进行研究假设，挖掘影响少数民族地区农业转移人口宅基地退出低意愿的关键因素，为宅基地制度改革的深化提供理论依据和现实素材。

本书利用 SPSS22.0 统计分析软件对模型进行统计分析检验，将农业转移人口是否愿意有偿退出宅基地设置为因变量，作为二分变量，其取值为“愿意”“不愿意”，分别设定为 1、0，其中 1 代表“愿意”，0 代表“不愿意”。在统计受访者退出宅基地意愿的基础上，首先参考了已有的研究成果和实证研究，筛选出影响宅基地退出意愿的关键因素，选取的 24 个自变量中既有连续变量，也有分类变量，通过 SPSS22.0 的二元 logistic 回归分析，利用进入法对可能影响农业转移人口退出宅基地意愿的因素赋予回归系数，分析有关因素的权重和逻辑。

一、变量选取与模型建构

宅基地退出意愿反映的是农业转移人口的动态的心理过程，农业转移人口退出宅基地意愿的背后影响因素错综复杂，其在面对宅基地退出时往往要进行理性的思考和选择。价值理性是社会人在做出行为选择时更注重该行为本身所代表的价值，它关注从某些特定的价值理念的角度来审视该行为的合理性，一般来说，价值理性表现为行为主体的原则、信仰、理念等这些较为抽象的理论形态。工具理性是行为主体借助理性来达到自己预期的目标，而在达到自身目的的过程中漠视人的感情和精神价值，受工具理性支配下的行为主体在做每一件事情时都会仔细权衡得与失，工具理性是对效率的追求，内核是功利主义。因此在宅基地退出的过程中，价值理性主要关注宅基地的传统价值和意义，如果农业转移人口

① 王彩云．中国民主建设研究：以价值理性和工具理性为分析载体 [J]. 社会科学研究，2015（5）.

对宅基地具有某种情结、向往或执念，那么在宅基地退出的过程中就呈现出一种价值理性的特征。如果农业转移人口只是将宅基地作为个人发展的工具或者家庭生存的重要载体，那么农业转移人口在做出退出宅基地的决定时会更多地考虑现实生活发展的需要，在宅基地的退出过程中呈现出工具理性的特征。不同的理性选择会对农业转移人口退出宅基地的意愿产生不同影响，运用韦伯的二重理性理论研究农业转移人口宅基地退出意愿及影响因素，结合广西农村宅基地特点，在价值理性和工具理性方面选择变量测度农业转移人口宅基地退出决策的影响因素。

农业转移人口决定是否退出闲置的农村宅基地，是多个因素综合影响的结果。本书在参考已有研究成果和实证经验的基础上，筛选出了农业转移人口个人及家庭基本特征、农业生产情况、城镇居住情况、城镇居住的动力因素、宅基地的使用情况和区位特征、宅基地退出模式的选择、政策认知程度及宅基地退出后的顾虑 7 个影响因子（共包含 23 个自变量）进行回归分析。反映农业转移人口宅基地退出意愿的题目为“您是否愿意有偿退出宅基地”，其取值为“愿意”“不愿意”，这是一个二分类变量，对因变量 Y（农业转移人口退出宅基地的真实意愿）进行赋值，将不愿意退出宅基地赋值为 0，愿意退出宅基地赋值为 1。二元 Logistic 模型的函数形式为：

$$g(p)=\beta_0+\beta_1X_1+\beta_2X_2+\cdots+\beta_kX_k+\varepsilon$$

其中，ε 为随机误差项，β_0，β_1，…，β_k 为待估系数，X_0，X_1，…，X_k 为自变量。

变量赋值情况和描述性特征见表 4-1。

表 4-1　变量描述表

变量类型	影响因素	变量名	变量赋值	标准差	方差
因变量	农业转移人口是否愿意退出宅基地	Y= 您是否愿意有偿退出宅基地	不愿意 =0，愿意 =1	0.492	0.242
自变量	个人及家庭基本特征	X_1= 性别	男 =1，女 =0	0.498	0.248
		X_2= 年龄	18 ～ 30 岁 =1，31 ～ 40 岁 =2，41 ～ 50 岁 =3，51 ～ 60 岁 =4，61 ～ 70 岁 =5，71 岁及以上 =6	1.002	1.003
		X_3= 民族	汉族 =1，壮族 =2，其他 =3	0.503	0.253
		X_4= 政治面貌	群众 =1，中共党员 =2，其他党派人士 =3	0.555	0.307

续表

变量类型	影响因素	变量名	变量赋值	标准差	方差
自变量	个人及家庭基本特征	X_5= 文化程度	未读书或小学 =1，初中 =2，高中或中专 =3，大专 =4，本科及以上	1.234	1.522
		X_6= 个人年收入	1 万元以下 =1，1 ～ 3 万元 =2，4 ～ 6 万元 =3，7 ～ 9 万元 =4，10 ～ 12 万元 =5，13 ～ 19 万元 =6，20 万元及以上 =7	1.080	1.167
		X_7= 家庭人口数	1 ～ 3 人 =1，4 ～ 6 人 =2，7 ～ 9 人 =3，10 人及以上	0.599	0.359
		X_8= 家庭劳动力数	0 人 =1，1 ～ 2 人 =2，3 ～ 4 人 =3，5 ～ 6 人 =4，7 人及以上	0.719	0.517
		X_9= 收入主要来源	务农 =1，务工 =2，租金、理财等其他 =3	0.571	0.326
	农业生产情况	X_{10}= 家庭耕地平均每亩收入	800 元以下 =1，800-1200 元 =2，1300-1700 元 =3，1800 元以上 =4	0.670	0.449
		X_{11}= 农业生产条件是否便利	非常便利 =1，比较便利 =2，一般 =3，不便利 =4	0.654	0.427
	城镇居住情况	X_{12}= 是否有家庭成员在城镇居住	有 =1，没有 =0	0.469	0.220
		X_{13}= 在城镇居住方式	已买房 =1，长期租房 =2，有买房的计划 =3，单位提供的住房或宿舍 =4，同乡或亲友提供 =5，没有在城镇居住 =6	1.671	2.794
		X_{14}= 购买城镇住房压力	压力很大 =1，有点压力 =2，压力小 =3，基本没有压力 =4	0.730	0.533
		X_{15}= 是否愿意在城镇居住	不愿意 =1，一般 =2，比较愿意 =3，非常愿意 =4	0.489	0.239
	在城镇居住的动力因素	X_{16}= 若在城镇居住，你最看重的是	教育资源 =1，完善的公共设施 =2，医疗资源 =3，就业机会多 =4，发展前景 =5	0.452	0.208
	宅基地的使用和区位特征	X_{17}= 宅基地是否够用	够用 =1，不够用 =2，差不多 =3	0.912	0.832
		X_{18}= 宅基地区位位置	近郊 =1，偏远的小山村 =2，城中村 =3，远郊 =4，其他 =5	1.201	1.443
		X_{19}= 宅基地新增需求	有 =1，没有 =2	0.453	0.205
	宅基地退出模式的选择	X_{20}= 退出模式	宅基地置换商品房 =1，宅基地置换小产权房 =2，购买政府的自建安置房 =3，现金补偿 =4，宅基地换城镇居民的社会保险 =5，现金 + 社保组合补偿 =6	1.493	2.228
	政策认知程度	X_{21}= 对宅基地政策了解程度	非常了解 =1，了解一点 =2，不了解 =3，完全不知道 =4	0.742	0.551
		X_{22}= 当地政府对宅基地退出政策的宣传	宣传很多 =1，有一些宣传 =2，没有任何宣传 =3	0.556	0.321
	宅基地退出后的顾虑	X_{23}= 宅基地退出后的顾虑	退出后没有地方住 =1，担心政策随时变化 =2，担心退出后补偿不到位 =3，从众心理 =4，想留宅基地给子孙后代 =5	0.432	0.019

二、模型检验

利用 SPSS22.0 二元回归分析对该模型进行的最终检验中，模型综合系数检验中卡方值等于 174.866，似然比检验结果的 P 值等于 0，小于检验水准 0.05，达到显著水平，说明其中至少有一个解释变量可以有效地解释和预测农户退出意愿的分类结果，即模型总体有意义。

（一）多重共线性检验

采取容忍度和方差膨胀因子对自变量进行多重共线性检验。容忍度越小，自变量被其余变量预测得越精确，共线性可能越严重。容忍度若小于 0.1 则认为自变量存在多重共线性。方差膨胀因子若大于 5，则存在多重共线性。[①] 如表 4-2 所示，各自变量的最小容忍度为 0.519，大于 0.1；最大方差膨胀因子为 1.927，小于 5。因此，不存在多重共线性，模型较好。

表 4-2　自变量的多重共线性诊断

自变量	共线性统计量		自变量	共线性统计量	
	容差	VIF（方差膨胀因子）		容差	VIF（方差膨胀因子）
您的性别	0.740	1.352	如果在城镇居住，你最看重的是：完善的公共设施	0.690	1.449
您的年龄	0.611	1.637	如果在城镇居住，你最看重的是：医疗资源	0.519	1.927
您的民族	0.856	1.168	如果在城镇居住，你最看重的是：就业机会多	0.740	1.352
您的政治面貌	0.680	1.471	如果在城镇居住，你最看重的是：发展前景	0.619	1.616
您的文化程度	0.548	1.824	您在农村的宅基地是否够用	0.559	1.788
您个人的年收入	0.654	1.529	您家的农村宅基地是在	0.892	1.121
您家庭的人口数量	0.613	1.631	在农村，您家有新增宅基地的需求吗	0.689	1.452
您家庭的劳动力数量	0.571	1.751	以下几种宅基地退出模式，您最愿意选哪一种	0.734	1.362
您的收入主要来源	0.543	1.842	您了解农村宅基地退出政策	0.624	1.603
您所在农村的家庭的耕地平均每亩的收入大概是	0.764	1.309	当地政府有对宅基地退出政策的相关政策进行过任何宣传	0.713	1.403

① 杨君，姚伦双，罗春香．新型城镇化背景下农民自愿退出宅基地意愿分析比较 [J]. 求索，2015（3）．

续表

自变量	共线性统计量		自变量	共线性统计量	
	容差	VIF（方差膨胀因子）		容差	VIF（方差膨胀因子）
您所在农村，耕地质量、基础设施等条件是否便利于农业生产	0.807	1.239	对于宅基地退出问题，您的顾虑主要有哪些：退出后没有地方住	0.689	1.450
您或您家中是否有成员在城镇居住	0.761	1.315	对于宅基地退出问题，您的顾虑主要有哪些：担心政策随时变化	0.616	1.624
您在城镇居住的方式	0.544	1.838	对于宅基地退出问题，您的顾虑主要有哪些：担心退出后，补偿不到位	0.540	1.851
如果要在城镇购买房子，您在经济上有压力吗	0.547	1.742	对于宅基地退出问题，您的顾虑主要有哪些：从众心理	0.813	1.230
您愿意在城镇居住吗	0.601	1.663	对于宅基地退出问题，您的顾虑主要有哪些：想留宅基地给子孙后代	0.714	1.401
如果在城镇居住，你最看重的是：教育资源	0.590	1.695			

（二）模型拟合优度检验

在模型的拟合优度检验中，见表 4-3 和表 4-4。卡方值等于 4.527，显著性 P 值等于 0.807，该检验的零假设是指模型与观测值可以很好地拟合，在检验结果中 P 值大于检验水准（即 $P>0.05$），接受零假设，表明当前数据中的信息已被充分提取，模型与观测值很好地进行了拟合，说明建立的二元回归模型可以非常好地反映出变量之间真实的关系，模型拟合优度高。

表 4-3　模型系数的综合检验

步骤	卡方	自由度	显著性
1	174.866	45	0.000
	174.866	45	0.000
	174.866	45	0.000

表 4-4　Hosmer 和 Lemeshow 检验

步骤	卡方	自由度	显著性
1	4.527	8	0.807

（三）模型分类表检验

通过采用分类表检验模型预测的准确性，如表 4-5 所示，模型对农业转移人口退出意愿预测的准确度达到 78.2%，说明模型拟合效果好。

表 4-5 模型预测分类表 [a]

步骤	已观测		已预测		
			您是否愿意有偿退出宅基地		百分比校正
			不愿意	愿意	
1	您是否愿意有偿退出宅基地	不愿意	189	34	84.8
		愿意	48	105	68.6
	总计百分比				78.2

a：切割值为 0.500

以上情况表明，模型总体情况可以做二元 Logistic 回归分析。

通过二元 Logistic 回归分析，个人及家庭基本特征、农业生产情况、城镇居住情况、宅基地区位特征、政策认知程度对农业转移人口退出宅基地的意愿没有显著影响，可以将其排除在模型外。

在城镇居住的意愿、在城镇居住的动力因素（看重教育资源、公共设施、就业机会多）、宅基地的使用情况（宅基地是否够用）、宅基地退出模式的选择和宅基地退出后的顾虑构成了显著影响农业转移人口退出宅基地意愿的因子，纳入到最终的决策模型中。各影响因子的系数及检验见表 4-6。其中，正的回归系数表示自变量与因变量呈正相关，负的回归系数则表示这两者呈负相关。

表 4-6 回归分析结果

自变量	*B*	S.E	Wals	df	Sig	Exp（B）
是否愿意在城镇居住	0.487	0.221	4.869	1	0.027	1.627
若在城镇居住最看重教育资源	1.332	0.397	11.276	1	0.001	3.790
若在城镇居住最看重完善公共设施	1.011	0.367	7.591	1	0.006	2.748
若在城镇居住最看重就业机会多	1.023	0.358	8.181	1	0.004	2.783
宅基地是否够用	0.627	0.229	7.532	1	0.006	1.873
倾向哪种宅基地退出模式			17.928	5	0.003	
倾向哪种宅基地退出模式（1）	2.062	0.783	6.942	1	0.008	7.864
倾向哪种宅基地退出模式（2）	2.090	0.820	6.498	1	0.011	8.083
倾向哪种宅基地退出模式（3）	1.007	0.814	1.529	1	0.216	2.737

续表

自变量	B	S.E	Wals	df	Sig	Exp（B）
倾向哪种宅基地退出模式（4）	0.493	0.906	0.295	1	0.587	1.636
倾向哪种宅基地退出模式（5）	1.511	0.945	2.557	1	0.110	4.530
退出后没地方住的顾虑	−1.192	0.383	9.685	1	0.002	0.303
担心政策随时变化的顾虑	−1.416	0.411	11.882	1	0.001	0.243
退出后补偿不到位的顾虑	−1.770	0.434	16.618	1	0.000	0.170
想留宅基地给子孙后代的顾虑	−1.178	0.486	5.864	1	0.015	0.308
常量	−16.094	40191.423	0.000	1	1.000	0.000

三、影响因素分析

1. 价值理性显著性分析

按照二重理性理论分析，变量“农业转移人口在城镇居住的意愿”在某种程度上可以当作价值理性。意愿或偏好在很大程度上受到价值观和理念的影响，它是价值理性的一种表现形式。当与农村生活方式截然不同的城镇生活方式和理念对农业转移人口产生巨大的吸引力的时候，他们对城镇的生活就会产生较为强烈的向往和憧憬，当他们很想拥有城镇人的生活方式的时候，农业转移人口想要在城镇居住的意愿就会很强烈，这在很大程度上促使他们愿意退出农村闲置宅基地。但如果农业转移人口对农村宅基地和乡村生活方式产生强烈的乡土情结，抑或更向往和追求安静闲适的田园生活，那么他们会将宅基地作为收纳乡土情怀的一种空间，故而一般不会轻易选择退出宅基地。

理性价值变量中，只有“愿意在城镇居住”通过了显著性检验。“愿意在城镇居住”对宅基地退出有正向作用。农业转移人口在城镇生活的意愿和动力越强，其退出宅基地的意愿也就越强。按照马斯洛需求理论分析，人的需求一般由较低层次递进到较高层次，当个人的温饱等生理层面的需求得到满足后，会更加关注和追求精神层面等较高层次的需求，农业转移人口大部分时间是在城镇生活工作，接触到更多的人和事，视野变得更为宽阔，环境的变化在一定程度上会对农业转移人口潜移默化，相比“种好一亩三分地，全家吃饱不挨饿”简单的农村生活，他们更加向往城镇高品质的生活方式，开放、活力、快速、向上的城镇激发了农业转移人口追求更高层次的精神世界。农业转移人口对城镇生活方式和精神世界的追求在某种程度上体现出自己更高层次的人生价值，是一种实现自我理想的价值追求，理念的转化会促使农业转移人口更想在城镇“扎根”下来，进而会促使农业转移人口更有意愿退出农村闲置的宅基地，这恰恰体现了农业转移人口价值理性的选择。

2. 工具理性显著性分析

第一，在城镇的居住动力因素中的城镇教育资源、公共设施、就业机会因素的回归系数为正，即与农业转移人口愿意退出宅基地呈正相关。农业转移人口在城镇的居住动力，是看重城镇教育资源、公共设施以及就业机会，则其退出宅基地的意愿就越强。城镇的教育资源、公共设施、就业机会和发展前景等都比农村地区更具有显著的优势，城镇相对于农村的这些资源优势是农业转移人口的退出宅基地迁到城镇定居的“拉力”因素。同时，退出宅基地可以得到一笔资金补偿，农业转移人口将这笔收益作为其在城镇的“启动资金”，可以在一定程度上解决他们在城镇发展但经济能力有限的难题。这两个方面的考虑，都表明了农业转移人口实现自我利益的工具理性特征。

第二，“农村宅基地够用”对农业转移人口退出宅基地的意愿呈正向的显著影响。农业转移人口在农村拥有的宅基地面积或数量越大，他们会更愿意退出“多余”的宅基地。少数民族地区农村的习俗是建新房不拆旧房，加上代代继承宅基地，所以“一户两宅”或“一户多宅”很普遍。如果农业转移人口拥有多处宅基地或者宅基地面积较大，留下足够用的，退出“多余”的宅基地，获得的补偿可以为农业转移人口在城镇的生活和发展提供“启动资金”，最大化实现了宅基地的财产权。否则多余的宅基地闲置着也是浪费资源。这在一定程度上体现了农业转移人口实现自我利益的工具理性特征。

第三，与“宅基地换商品房”和“宅基地置换小产权房”的退出模式相比，“购买政府自建安置房”“现金补偿”“宅基地换城镇居民的社会保障”“现金＋社保组合补偿”的退出模式更能够让农户愿意退出宅基地。农户倾向于选择宅基地置换小产权房从侧面反映了当地政府对小产权房可能存在管理不严的问题，农户对于国家禁止小产权房的政策和规定不了解。在广西，农户自愿退出宅基地后可以获得宅基地及宅基地上建（构）筑物两种补偿，退出的补偿标准偏低，农户无法享受到宅基地的增值收益，在城镇房价不断飞涨的今天，农户最终拿到的那些补偿款可能还不够支付在城镇购买住房的费用。社会保障是一项要经过很长一段时间才能看到收益的投资，因此虽然社会保障很重要，但是用宅基地换城镇居民的社会保障对那些在城镇打工但买不起房的农业转移人口来说，可能落得一个居无定所的下场。于是农户对现金补偿和宅基地换城镇居民社会保障的退出模式认可度不高，对宅基地退出意愿影响有限。对于农业转移人口来说，城镇商品房相对于农村的房子更具增值空间，“以宅基地换商品房”的退出模式能够解决农业转移人口在城镇中的住房问题，保证他们有一个可以庇护自己的家，如果在城镇定居就可以享受城镇中的各种优势资源，孩子可以接受更好的教育，让自己的下一代能够得到更好的发展。当农业转移人口的经济能力比较欠缺但又想尽快在城镇扎根下来，那么“宅基地换房”的补偿无疑是解决了他们在城镇的住房问题。另外，如果没有政府征地，少数民族地区偏远山区的农村的宅基地“不值钱”，农村宅基地的货币化功能很难显现。相比之下，商品化的城镇住房承载着“无限可能的财产”，从经济利益的角度衡量，以宅基地置换城镇住房是理性的决策。这说明农业转移人更多的是考虑个人利益的实现，具有一定程度上的工具理性的特征。目前广西宅基地退出方式单一，多为现金补偿或者用宅基地换政府的自建安置房的模式，如果宅基地退出方式符合农民的需求，那么农民退出的意愿也会更高。因此，宅基地退出方式应更加多元化，增加更多的补偿组合套餐，让农户根据具体需求选择适合自己的退出补偿方式。

第四，农业转移人口退宅后的诸多顾虑。农业转移人口担心宅基地退出后没有地方住、政策随时变化、退出后补偿不到位的顾虑使得农业转移人口偏向于做出保守性的行为决策，保留自家宅基地。宅基地退出是一个敏感又复杂的问题，改革开放以来，我国进入大开发大建设的高速城镇化阶段，其中土地征收制度发生了关键作用，国家通过合法的强制性权利对土地进行征收，为我国社会经济快速发展奠定了基础，但是在这一过程中也出现了政府与农民产生征地冲突、农民失地等社会问题，[①] 农户对政府的信任度下降，担心宅基地退出后自己没有地方住、政府的补偿不到位。再加上广西宅基地退出的各项政策制定还处在摸索阶段，已出台的政策存在变动性，于是农户对宅基地退出持有保守的态度。农业转移人口的退宅顾虑，一定程度上表明他们更看重既得利益，在一定程度上体现

① 桂华．论土地开发模式与“人的城镇化”——兼评征地制度改革问题 [J]. 华中农业大学学报（社会科学版），2019（1）.

了工具理性的特征。宅基地退出后没有地方住、政策随时变化、退出后补偿不到位的这些顾虑从侧面反映出政府在制定宅基地退出政策方面应该将农户的这些顾虑加以综合考虑，打消农户的顾虑，以此提高农户退出宅基地的意愿。

3. 结论

以韦伯二重理性为理论工具，剖析农业转移人口宅基地退出意愿的影响因素，具有一定的解释力。

（1）影响农业转移人口退出宅基地的显著性因素。研究发现，影响农业转移人口宅基地退出意愿的影响因素中，价值理性的显著性因素有：是否愿意在城镇居住；工具理性的显著性因素有：在城镇居住的动力、宅基地是否够用、宅基地退出模式的选择、宅基地退出后的顾虑。

（2）价值理性和工具理性交互影响着农业转移人口宅基地退出意愿。宅基地退出是多种因素综合作用的结果，价值理性和工具理性交互影响着农业转移人口宅基地退出决策。农业转移人口的选择既具有工具合理性的行为考虑，也包括价值合理性的行为考虑。选择退出与否大多时候不是价值理性或工具理性单方面作用。这也从侧面折射出地方政府要制定科学合理的宅基地退出激励补偿方案，激发农业转移人口自愿主动有序地退出宅基地。

（3）影响农业转移人口宅基地退出意愿的差异现状：重工具理性、轻价值理性。农业转移人口退出宅基地的决策过程受多种因素交织影响，既有农业转移人口对宅基地的价值理性判断，更有出于对宅基地工具理性下的利益权衡。宅基地退出影响因素的背后反映出农业转移人口对于宅基地的价值和意义在认知上已发生了改变，宅基地是“农村生产生活的载体”“祖祖辈辈的传承”的传统观念逐渐淡薄，农业转移人口的土地财产功能观念凸显，更加倾向于追求宅基地的资产化，实现土地的财产性收益。基于此，我们可以发现影响农业转移人口退出宅基地的因素中更倾向于注重工具理性方面的经济收益权衡，虽然也有农业转移人口出于价值理性的考量，如对农村老家具有强烈的归属感、对亲情的重视或者认为宅基地应当被当作祖产留给后代等选择不退出宅基地，但终归也只是少数农业转移人口的选择。

4. 对未纳入模型因素的分析

现有研究中，一些学者认为，文化水平对农户退出宅基地的决策会产生影响，但农户退出宅基地是受利益驱动下做出的行为决策，个人文化水平属于农户自身素养方面，只能反映出一般性的东西，使个人可以从常识性和专业性的角度去认识事物，对个人做出决策不会产生主导性的影响，因此文化水平影响不显著属正常。

个人年收入的多少对农业转移人口退出宅基地的影响不显著，原因可能是因为绝大部分农业转移人口在城镇中变成了农民工，他们的工资水平都相差无几，导致个人收入的标准差小，进而削弱了这一因素的影响权重。同时，需要强调的是，广西农业转移人口深受传统思想影响，广西的传统文化及观念根深蒂固，不管是收入高还是收入低的农业转移人口，由于他们的农村宅基地大多是继承而来，是家族世代传承的象征，一些受传统文化影响的农户希望将宅基地留给子孙后代并沿承下去。后辈即使大都已脱离农村到城镇生活，也会选择在农村的“老家”重新盖房，以便在逢年过节尤其是广西的传统节日“清明节”“三月三”等重要节日之时，回到老家祭祀祖先，这不仅是光宗耀祖，也是民族文化的传承。

从调查数据中看，超过一半以上的农业转移人口对宅基地退出的政策不了解，这可能是由于农业转移人口常年在外打工，对村委发布的宅基地退出的通知不知情，也有可能是因为目前宅基地有偿退出还在试点阶段，政府的宣传工作做得不到位，大部分农户对政策不了解，该因素在受访者之间差异小，并且农户不愿意退出宅基地还有传统观念上的原因，传统观念根深蒂固，一时半会的政策宣传对农户不起作用，因此政策宣传对宅基地退出意愿没有显著影响也属于正常情况。

宅基地区位因素未通过显著性检验，笔者认为可能的原因是不论宅基地在近郊区还是远郊区的农业转移人口，由于受制于较低的技能水平，他们在城镇中都只能在低端产业寻求就业，因为这些产业对他们的身体力量和灵活性要求较高，一旦他们的年龄老化或者身患疾病时，就无法继续在城镇工作，只能选择回乡生活。因此，该因素未通过显著性检验也就不足为奇了。

第五章

农村宅基地退出探索与实践

一、广西农村宅基地退出实践

（一）广西农村宅基地改革的现实背景

2016 年年末，广西常住人口为 4838 万人，户籍人口为 5579.12 万人，户籍人口数量多于常住人口，说明广西外出务工就业、迁移、入学、经商等的人数多于流入的人数。据相关的统计数据显示，广西是人口流失最严重的地区之一，每年有约 800 万人外出务工，随之而来的是农村空心化、大量宅基地闲置等问题的出现，这些问题制约着农村经济的发展、阻碍了城乡一体化建设的进程。因此，如何充分盘活利用农村闲置宅基地、合理规划村庄土地布局、充分利用好土地资源，是当前一个不可回避的重要问题。2017 年广西开始在北流市统筹推进宅基地制度改革试点工作。在对村庄宅基地使用状况、确权颁证、人口、违规建筑等情况进行摸底调查以及尊重农民意愿的基础上，北流市选取了民安镇高车村和北流市新城村、潮塘村三个村作为首批宅基地改革试点村，这三个试点村都具有改革潜力大、群众改革呼声高的特点，但这三个村的改革方向略有不同。

（二）广西北流市宅基地退出模式

北流市新城村的宅基地制度改革结合了当地的旅游产业，重点对村庄进行整治改造，鼓励村民将闲置的房屋用来建设民宿或者农家乐，在提高房屋使用率的同时也能给村民增加收入。新城村还鼓励村民有偿退出闲置的宅基地，村集体将腾退出的多余宅基地统一收归集体进行规划，用于新农村社区建设以及为乡村产业的落地提供土地空间。北流市的另一个试点村潮塘村则是以引导村民集中居住为宅基地制度改革的方向，结合现代农业特色农业发展，引领村民退出原有的宅基地到农民新村集中居住，集约节约农村建设用地。而在民安镇高车村，空心村的整治是宅基地制度改革的重点，在参照当地工业产业的规划的基础上对村庄进行重新规划和布局，探索制定了宅基地有偿退出的程序和补偿标准，将腾退出来的集体建设用地统一向社会公开流转，从而实现土地资源高效利用。北流市在稳妥推进宅基地制度改革的同时还引导各试点村实行民主自治，成立村民事务理事会，制定自治管理规章制度，由村民事务理事会负责本村宅基地有偿退出、宅基地有偿使用和流转、宅基地收益分配等各项工作。

北流市在改革的过程中注意结合各试点村的特色，引入社会资本对村庄进行改造，解决了改革过程中的资金供应问题。对建房审批进行严格把关，坚守耕地红线，严守“一户一宅”和“建新拆旧”的规定，从源头上促进农村集体建设用地的集约使用。以竞价择位的方式优化宅基地分配方式，实现宅基地的经济价值最大化。北流市的宅基地制度改革通过建立村民自治制度、引入社会资本、发展农村新产业等措施盘活了闲置宅基地资源，为改革积累了经验。

二、贵州宅基地退出模式分析

云南、贵州和广西的经济发展水平和地理区位具有较大的同质性，对云南、贵州两省的宅基地退出模式的实践探索进行剖析，有利于推进广西农村宅基地制度的深化改革。

（一）异地建新自愿退出宅基地并复垦

1. 模式介绍

在那些地理位置偏远、对外交通状况等基础设施建设差、较少有外来人口迁入的村庄，农户迁往交通便捷、整体地理位置较为优越的地方修建新房后，自愿将原先的宅基地上的房屋和附属物进行拆除，再将宅基地复垦为耕地。复垦出来的农地由该农户进行耕种，得到的收益也归该农户所有。

2. 案例分析

毕节市安洛乡大贤村的一位村民表示，他原本的老宅所在的地方交通十分不便，于是他向村集体重新申请了一处交通、地理位置相对老宅来说更好的宅基地修建新房，新房建好入住之后，他考虑到今后自己和家人都不会再回老宅居住，同时自己对“一户一宅”政策有所了解，再加上自己家的承包地面积也不多，故而决定拆除旧房屋复垦为耕地。对于那些地理位置偏远、地质情况不稳定而导致交通极为不便、农户居住也相对分散的村庄的农户来说，他们选定新址建立新房后如果能将原来的旧宅基地复垦为耕地后耕种农作物，每年还能增加家庭收入。特别是对于原本承包地较少、家庭年收入不高的农户来说，这是一笔不小的收入。但是在该模式中，政府只是鼓励农民将旧宅基地退出复垦，而没有给农户任何奖励，农户最终做出复垦旧宅基地的决定是传统农耕思想作用下的结果。如果在此模式中政府能够发放复垦补助或者奖励的话，农户自发将建新后的旧宅基地复垦的积极性会更高涨。

（二）农户自愿退出政府无偿助其复垦

1. 模式介绍

在那些宅基地流转获利可能性较小的地区，政府积极引导农户将其拥有的闲置或者废弃宅基地退出复垦，政府承诺无偿帮助农户对闲置或者废弃的宅基地上的房屋及其附属建筑物进行拆旧和复垦，复垦后的耕地产权不变，由原农户进行耕种，所获得的收益也归原农户享有，复垦出来的土地严格限制其用途禁止用做非农业建设。该模式的具体实施办法是：政府先统一对村内闲置、废弃的宅基地的数量进行统计整理，然后与农户进行洽谈，希望他们同意将闲置、废弃的宅基地复垦为耕地，政府承诺在拆旧复垦的过程中不需要农户花费一分钱费用，并且复垦后的耕地产权不变，在征得农民的同意后对闲置或废弃的宅基地进行拆旧复垦。

2. 案例分析

在毕节市安洛乡大贤村，村庄中宅基地闲置或废弃的情况较为普遍。一方面的原因是农民收入增加后想要通过修建新房来改善居住环境，这时就会有一部分的农户另辟新址来修建新房，等到新房建好后就从旧宅搬过去居住，使得原来的宅基地及其地上房屋属于闲置的状态。另一方面的原因是越来越多的农户到城市中谋生，一些人在城镇定居后就极少再回农村居住，宅基地原本具有的住房居住功能逐渐减弱，进而带来宅基地的闲置。由于复垦需要花费较大的成本，农户宁愿将宅基地闲置也不愿意复垦，因此政府无偿帮助农民将宅基地复垦为耕地的做法可以大大激发农户将闲置或者废弃宅基地复垦的积极性，在降低宅基地闲置的程度的同时又能增加农户的耕地面积。对于那些家庭劳动力不足或者常年在城镇务工的农户来说，他们还可以把土地转包出去来获取租金收入。

（三）“增减挂钩”引导农户腾退宅基地

1. 模式介绍

贵州省近几年经济飞速发展，其在发展的过程中也存在着城镇建设用地紧张而农村土地资源使用粗放浪费的窘境。为挖掘城乡建设发展土地存量，腾出发展空间，打破城乡间资金、土地的流动界限，贵州省探索将“三旧一低”整治（旧村庄、旧工矿、旧城镇、低效利用地）、退宅还耕、生态移民等工程与“城乡建设用地增减挂钩”政策捆绑统筹配套推进，腾出集体建设用地面积，用于城镇发展和新农村建设，缓解了城乡建设无地可用的压力，破解了新农村建设资金缺乏的瓶颈。

为了保护和增加耕地，统筹城乡协调发展和建设用地合理布局，在中央的指导下贵州省开展了城乡建设用地增减挂钩的工作。以乡镇政府具体负责，在严格遵守“一户一宅”“建新拆旧”的原则下，引导原本居住分散的居民集中居住，乡镇政府统一划配宅基地，新划配的宅基地少于农户原本占有的宅基地的面积，腾退出新旧宅基地之差的宅基地面积。鼓励农户拆除危旧房并自行复垦，政府对复垦的宅基地进行验收后给予农户相应的补助。为了解决村中困难户建房问题，政府对那些住在危房的困难户给予经费补助，帮助其修缮或者拆旧重建房屋。对于那些拆旧重建的困难户，要严格控制他们的建房面积，腾退出原来超标的宅基地面积。而对于那些异地建房的困难户，则要求他们要拆除原先的旧房并退出宅基地。

2. 案例分析

贵州是喀斯特地貌区分布最集中的省份，被誉为“喀斯特王国”，由于地形地貌和长期以来农村地区村庄的发展缺乏规划等原因，村民居住分散，宅基地使用散乱。遵义市湄潭县黄家坝镇官堰村地处十里桃花乡村旅游景区，紧邻县城，农民主要收入来源为传统的种养殖业和外出务工。在官堰村，一方面，宅基地使用杂乱无章，村民乱占宅基地现象严重。村庄布局混乱致使不少建设用地闲置，公共设施也无法合理布局，严重影响了群众居住条件的提高。另一方面，由于当地村民长期外出务工或迁居外地仍保留宅基地、村民“建新不拆旧”等的缘故，村内存在数量不少的闲置宅基地，土地使用粗放、低效。在中央提出创新土地流转方式实现农业规模经营、探索农村集体所有制有效实现形式、创新农村集体经济运行机制保障农民权益、增加农民财产性收入的背景下，官堰村成为农村集体建设用地入市试点村之一。在改革试验中，官堰村在老街旁边规划了一条新街，村民将原来的宅基地复垦再补上差价之后就能在新街获得一块统一规划的商住两用的宅基地，农民如果想创业或者有其他发展想法的话，还可以将房屋抵押给银行来贷款创业或者作为其他发展基金。官堰村村委会通过“增减挂钩”政策，引导村民集中居住，将村庄内无人居住的或村民建新后的老房拆除复垦为耕地后，置换出 8800 多平方米集体建设用地，官堰村将腾退出来的这些集体建设用地分三期通过公开“招拍挂”进行有偿流转，累计实现收益 1200 多万元，除了补偿拆迁村民外，其余全部用于村环线建设、供水、电路设施、休闲广场、公路等基础设施建设和公益事业，改善生产生活条件，有效推进了村庄城镇化建设。

毕节市大方县在县委县政府的安排部署下，稳步推进全县农村地区危房改造工作，规定在改造中翻新房、重建房的面积要控制在人均不超过 20 平方米、户均按 40 ～ 60 平方米的标准执行。在改造工作中按照“群众自建为主、政府给予适当补助”原则分三级发放危房改造补助资金。危房改造工作不仅使农户的居住条件得到改善，一些腾退出来宅基地还能利用“城乡建设用地增减挂钩”政策来置换城镇发展建设用地，提高了土地利用效率。（案例来源：中国经济网、中国国土资源报）

（四）宅基地无偿分配与有偿使用相结合

1. 模式介绍

通过对旧村进行改造，整理腾退出集体建设用地，再将其有偿提供给有需要的农户。可申请有偿使用宅基地的农户不受本村集体经济组织的限制。

2. 案例分析

湄潭县湄江镇核桃坝村是我国著名的茶乡，也是一个典型的以茶叶为支撑的新农村建设示范村。核桃坝村由于茶产业发达、交通便利，吸引了三千多名外来农民到该村打工或者开办茶叶加工厂。该村从2006年起开始探索宅基地有偿使用，村集体对旧村进行改造后整理腾退出了集体建设用地，将其按照800元/平方米的价格有偿提供给有需要的农民使用，购买人可以是本村集体经济组织成员，也可以是本村之外的集体经济组织成员。根据相关的规定，该村鼓励、引导和支持那些已经在城镇中定居的村民自愿有偿退出宅基地。对于那些自愿退出宅基地进入城镇中购房的农户，政策规定他们可以享有城镇经济适用房优惠的政策。在这样的情况下，村中一部分已经在城镇中购置住房的农户就将村中的老房子转卖给那些外来打工又无房居住的农民，在增加本村村民财产性收入的同时还解决了外来农民的居住问题。核桃坝村有偿使用宅基地的做法，在坚持农民无偿获得宅基地、保障农民居住权利的同时，允许一些对区位有特殊要求的人，通过有偿的方式获得宅基地，探索出了一条无偿分配和有偿使用并行的道路。（案例来源：中国国土资源报）

三、云南宅基地退出模式分析

（一）宅基地改革初具“三权分置”雏形

1. 模式介绍

在国家和省政府的领导下，大理市经过深入研究，明确了宅基地改革的基本思路是在完善农村宅基地权益保障和取得方式、完善宅基地管理制度、探索宅基地有偿使用和探索宅基地有偿退出任务的同时，积极稳妥地推进洱海保护治理、民族历史文化保护传承、全域旅游示范区建设、国家新型城镇化试点工作。要求宅基地改革试点地区要强化集体经济组织对宅基地的处置权和收益权，保障农户的居住权和财产权，还要规范宅基地流转行为。

2. 案例分析

大理市银桥镇作为宅基地改革的试点地区，虽然没有明确地提出“三权分置”的方案，但其在规范宅基地使用和流转等方面的做法却在一定程度上形成了宅基地“三权分置”的雏形。

银桥镇在试点过程中赋予了集体经济组织收回、重新规划和使用闲置宅基地、结合农田保护对村庄进行优化布局的权力。针对村庄内“建新不拆旧”出现的那些荒废的老旧房屋，集体经济组织按照合理的补偿方式将其有偿收归集体进行统一拆除，再由集体经济组织将整治后的集体土地进行统筹使用。在试点工作中，一共有 153 户农户有偿退出了闲置的宅基地，收回整治面积 33.14 亩，重新规划了 62 宗宅基地和两个农贸市场。建立村庄土地规划建设管理专员制度，实施网格化管理，强化集体经济组织的管理权能。在宅基地审批管理方面，银桥镇在实践中探索和厘清了“户”和“宅”的执行标准，在审批农户建房申请时严格遵守“一户一宅”和“建新退旧”的规定，农户要是申请新的宅基地建新房的话，必须退出原来的宅基地。在宅基地建房管理方面，农村个人建房从单一的“土地来源合法性”管理向“一户一宅、用地面积、占地面积、建筑面积、建筑风格、环保设施”等综合性精准规范化管理转变，同时也要重视和解决住房困难户“住有所居”的诉求。收益权是宅基地权能中最重要的权能之一，银桥镇在试点过程中按照“超占收费、划定等级、取之于户、用之于村、使用得当”的原则收取土地有偿使用费，同时对改变宅基地用途利用宅基地上住房从事客栈、餐饮等经营活动的，由集体按宅基地现有面积，以每年 5 ～ 20 元 / 平方米的标准收取土地收益调节金，所收取到的土地有偿使用费和土地调节金统筹用于村庄公益事业建设。银桥镇的做法改变了集体经济组织的权力被架空的现状，强化了集体经济组织对宅基地的处置权和收益权。

同时，银桥镇要求保障农户的居住权和财产权。稳步推进宅基地确权工作，给村民颁发“房地一体”不动产证书，将宅基地的资格权真正落实到农户身上，极大程度保障了农民占用使用、流转、担保、抵押和有偿退出宅基地等各项权能，有助于实现宅基地的财产性功能，拓宽了农户增加财产性收入的渠道。为了解决那些已经身份认定为集体经济组织成员的住房困难户的住房要求，银桥镇探索了“统规自建”的模式来落实农户对宅基地的资格权。村集体按照每亩不高于十万元的补偿标准从农户手中收回用于建设宅基地规划区范围内的集体土地，然后再将这些地块进行编制，公开、公平、公正地将其有偿分配给需要建房的住房困难户，实现“户有所居”。银桥镇在改革的过程中，始终坚持人民主体性地位，将农户的权益保障放在核心位置，为改革奠定了群众基础。

另外，放活宅基地及其地上房屋的使用权流转，充分盘活宅基地实现土地资源优化配置，增强宅基地使用权的收益功能。云南乡村旅游发展迅猛，民宿规模空前庞大，在此过程中也出现了民宿发展扩张无序的问题，但银桥镇政府没有将其禁止、通过一刀切来解决，而是加强规范和引导，促进民宿业有序健康发展。在推进宅基地有偿使用的同时，鼓励村民利用宅基地参与到乡村旅游中，增加村民收入来源。银桥镇宅基地使用权流转的规定顺应了当地旅游业的发展，尊重客观事实，具有可行性。

大理市银桥镇宅基地制度改革试点赋予集体经济组织对宅基地的处置权和收益权为基础的做法有助于落实宅基地集体所有权，保障农户居住权和财产权的要求则落实了农户对宅基地的资格权，推进宅基地有偿使用、促进宅基地规范流转放活了使用权，银桥镇的宅基地改革探索已初步具备“三权分置”的制度特征。这是顶层设计与基层实践有机结合的产物，也是大理银桥镇试点的最大贡献。（案例来源：云南农村土地）

（二）整治空心村探索宅基地有偿退出

1. 模式介绍

首先对空心村的基本情况进行全面排查，确定整治范围，然后由村委会与涉及农户签订《大理市“空心村”整治宅基地使用权收回协议书》。对于需要统一收归集体的宅基地，按 10 万元 / 亩的价格，由集体给予补偿；对于地上建筑及附属物，按房屋结构完整程度，补偿 90 ～ 620 元 / 平方米不等。对已经收归集体的土地重新布局建设，同时根据用地指标安排给需要建房的困难户。对于有利用和保护价值的“空心古村落”，结合集体经营性建设用地入市和农村集体资产股份权能改革试点，对有保护利用价值的闲置宅基地，探索以折价入股方式有偿退出。

2. 案例分析

与全国大多数地区一样，空心村的现象在云南也很普遍。一方面，空心村的房屋长期无人居住又无法拆除作为耕地而占用了大量的土地资源，而且原本属于耕地的土地由于长期无人耕种更造成了土地资源的极大浪费；另一方面，一些在规划区内没有宅基地又需要建造房屋的农户选择占用自家耕地建房。旧有房屋长期闲置，新建住宅又占用大量耕地，村庄耕地面积不断减少。

银桥镇地处大理市腹地，是一个空心村现象严重的乡镇。全镇面积 69.87 平方公里，人口 30873 人，耕地 19500 亩，人均 6.3 分地。据统计，2008—2013 年，全镇农村宅基地“少批多占”的共有 159 户，超占土地 38.27 亩，平均每户超占 0.24 亩；“未批先占”的共 345 户，户均占地面积 0.52 亩，建筑面积 47447 平方米，户均 138 平方米；“一户多宅”的共有 311 户，总占地面积 234 亩。与此同时，全镇符合宅基地申请指标的共有 1036 户，其中有宅基地批准手续未落实建设地点及家庭住房特殊困难户有 298 户，二者共占符合申请指标近三成。

为解决“空心村”问题，银桥镇从 2013 年开始试点利用空心村整治探索宅基地有偿使用。首先，对试点的空心村范围内的危旧房、未按照规定或未经批准建造的房屋、空闲土地及所涉及范围内的农户基本情况等进行全面的统计清查。对那些被划为整治范围的农户确定宅基地产权、进行农户家庭资产鉴定、签字认可，由村委会与涉及农户签订《大理市“空心村”整治宅基地使用权收回协议书》。将那些已经统计清楚并确定可以拆除的房屋、违规建筑物、宅基地统一收归村集体，村集体参照同期国家征地补偿标准，以 10 万元 / 亩的价格给予补偿。对于地上建筑物及附属物给予拆迁补助，按房屋结构完整程度补偿 90 ～ 620 元 / 平米不等。对拆除旧房、违规建筑后腾出来的空闲土地，村集体委托大理市设计院进行道路设计和宅基地布局，共安排 46 宗宅基地，根据年度建房用地指标，将以 6.4 万元 / 宗的价钱安排给符合建房要求的住房困难农户，同时在原址上新建 1 座公厕、1 个老年活动中心、1 条绿化带、硬化了 1 条进村路。

试点以来，银桥镇已在下辖的 8 个行政村、32 个自然村启动了空心村整治，在村庄规划区有偿流转收归村组村庄规划预留建设用地 105 亩，共规划 196 宗建房用地，并已将其中的 115 宗分配到住房困难户。银桥镇的空心村整治取得了良好效果：一是探索了宅基地有偿退出与获得机制。我国土地制度规定集体经济组织成员可以无偿使用农村宅基地，并且对“一户一宅”也做出了相关规定，但由于缺乏宅基地回收、退出等相关配套政策，农户即使另辟新址修建新房也不愿意退出旧宅基地，从而存在严重的“一户多宅”和空心村现象。银桥镇利用空心村整治探索宅基地有偿使用制度，是一种市场化出路，值得肯定。二是土地资源的使用得到优化配置。根据相关规定，农户的建房用地指标获得批准之后，如果其自留地在村庄规划区范围内，则可以直接建房；如果不在村庄规划区范围内，农户可以私底下进行交换来获得规划区范围内的建房用地。对于宅基地调换无门不得不在自家耕地上修建住房的农户，若房屋在空心村范围内，则通过整治项目予以拆除并适当补偿。这些做法起到了保护村庄耕地资源，优化土地配置的效果。三是为村庄公共设施的建设提供了资金支持。银桥镇有偿收回宅基地和村内空闲地，专项用于安排住房困难户建房和养老、医疗等集体公益设施和公共基础设施建设，为整治村庄容貌、建立村庄设施提供了土地与资金。（案例来源：国家发改委官方网站）

第六章

农村宅基地退出的困境

党的十九大报告提出："要通过深化农村土地制度改革实现土地承包关系稳定并长久不变，通过深化农村集体产权制度改革的方式保障农民财产权益，壮大集体经济。确保国家粮食安全，把中国人的饭碗牢牢端在自己手中。"这一论述不仅为我国"三农"问题的解决指明方向，也再一次强调了农村土地制度改革对社会经济发展的关键性作用。[①]作为农村土地的重要组成部分，宅基地在早期对保证农户正常生产生活、维系农村和谐稳定发挥了重要作用。宅基地退出制度是对宅基地使用权中的处置权能做出的制度安排，也是当前制度框架内的最优选择。

国家现在进行的宅基地制度改革目的是鼓励和引导农户退出宅基地，然后通过对退出的宅基地进行土地整治以达到土地复垦的标准，再根据"城乡建设用地增减挂钩"政策，以缓解我国城镇化发展过程中建设用地紧张和不足的需求，提高土地资源利用效率，同时也可以实现农民宅基地发展权的转移，增加农户的财产性收入。本书通过对广西五个县城的抽样调查，对农村宅基地的现状和农业转移人口退出宅基地的意愿、影响因素及现实需求进行分析，可以看出，虽然宅基地退出是现行体制下解决农村宅基地不合理管理和利用的最优选择，但是广西农业转移人口宅基地的顺利退出在实际操作过程中仍然面临诸多的困境。根据调查的结果和查阅的相关资料，本书主要从政府、农户和制度三个层面对广西农业转移人口宅基地退出困境及其背后原因进行探讨。

① 黄健元，梁皓．农村宅基地退出制度的源起、现实困境及路径选择 [J]．青海社会科学，2017（6）．

一、政府层面

（一）政府与民众行为选择的相互背离

通过前文对国家在宅基地退出制度上相关支持政策和现存的农户宅基地退出意愿文献的梳理，以及对广西农业转移人口宅基地退出意愿进行实地调研，可以发现，在当下农村宅基地退出方面存在着政府具有高涨的积极性和农户低退出意愿之间的矛盾。一方面，自从2014年中央一号文件提出了宅基地改革的新思路后，宅基地的改革便在不断推进，一系列政策文件不断出台。而广西农村宅基地政策则是在国家相关宅基地政策的基础上，结合广西宅基地退出的具体情况，对国家宅基地政策进一步加强和细化，使广西的农村宅基地退出更具科学合理性及可操作性。近年来，广西农村宅基地政策更偏向于农村闲置宅基地整治利用、农业转移人口退出、异地扶贫搬迁等方面，借助城乡建设用地增减挂钩和易地扶贫搬迁等项目推进农业转移人口向城镇集中，不断完善农村村庄规划和宅基地布局，保护耕地资源的同时保障城镇建设用地的需要。另一方面，笔者通过实践调查了解到，广西农业转移人口退出宅基地的意愿并不如预期高，调查数据显示，仍有相当一部分比例的农户在现有政策制度的安排下，不愿意退出宅基地。

政府和农户在宅基地退出的行为选择上存在相互背离的情况有两个方面的原因。一方面的原因是政府和农户获取信息的地位不平等，目前还没有建立一个城乡统一的宅基地交易流转信息市场。政府作为城镇建设用地的主要分配者，对城镇建设用地的需求和供给信息最为了解，对于当下城镇化快速发展的进程中城镇建设用地供给和需求不平衡引起的土地价格变化信息与农户相比也是更为敏感。① 政府迫切需要对农户退出的宅基地进行整治复垦为耕地，再借助“城乡建设用地增减挂钩”政策，以同等的耕地面积置换城镇建设用地指标。但是对于作为宅基地使用者以及房屋所有者的农户来说，宅基地对于他们只是一项具有主体性的无偿取得并且能够无限期使用的社会福利制度，这一制度安排使他们能“住有所居”，加之获取城镇建设用地供求信息渠道受限，宅基地所具有的潜在资产价值对于农户来说没有那么凸显，也就不会提前对宅基地是否退出做出决策考虑，因此农户对于宅基地退出的意愿不强烈。另一方面的原因是农户对于宅基地

① 黄健元，梁皓．农村宅基地退出制度的源起、现实困境及路径选择 [J]．青海社会科学，2017（6）．

退出补偿与心理预期不符。广西各地普遍存在着宅基地退出补偿不高，补偿方式稍显单一的问题，根据“经济人”假设可知：农业转移人口作为宅基地退出的个体，无论处于什么地位，其本质是一致的，即以追求个人利益、满足个人利益最大化为基本动机。这就意味着农业转移人口退出意愿的提高需要具有吸引力的补偿以及多样化的补偿方式来满足自身的利益最大化。据调查数据显示，广西农村宅基地退出补偿对农业转移人口的吸引力不是很高，只有部分在城镇有买房计划的农业转移人口愿意获得一笔宅基地退出补偿而到城镇买房定居；在补偿方式上，更多的农户倾向于“以房换房”的退出补偿方式。目前，由于没有专门的政策规定农村宅基地退出的资金来源，没有设立宅基地退出的专项资金，政府较为单一的筹资方式难以筹集足够的经费。因此，广西各地政府的宅基地退出补偿标准是普遍较低的，补偿方式一般只有较少的补偿资金以供选择。随着“城乡建设用地增减挂钩”政策的出台，也有一部分农户逐渐意识到宅基地对于他们来说其实是一种“沉睡”的资本，他们希望唤醒这一资本增加自己的财产性收入。但是目前对于农业转移人口退出宅基地的补偿标准没有明确的制度规定，广西宅基地退出的征收和补偿标准相对于城镇土地价格来说差别太大、补偿标准较低，与农民的心理预期不符，在一定程度上影响了农业转移人口的退出意愿，阻碍了农村宅基地退出的有效执行。

（二）以政府主导，农民“集体失语”

宅基地的所有权属于农村集体经济组织，农户拥有宅基地的使用权，这一使用权属于私权的范畴。农户宅基地退出的实质是农户宅基地使用权的退出。当代法理精神告诉我们私权应当自治。因此，宅基地退出各项工作的实施和开展理应由农村集体经济组织负责，或者当政府部门因为公共利益而确实需要对“私权”进行干涉时，一方面，由于农户处于分散的个体状态，需要有集体经济组织作为利益表达者为农户“发声”；另一方面，农业转移人口是宅基地退出的直接利益相关者，宅基地退出政策的实施与农户的利益息息相关，其关乎农业转移人口的生存保障问题，毋庸置疑，农业转移人口应当具有参与宅基地退出政策制定的权利，并且对宅基地退出信息具备充分了解。但现实情况是，在农村土地产权制度改革中，农村集体经济组织处在虚化的状态无法发挥出应有的作用，农民权益得不到有效保障。究其原因是在我国实行土地承包经营权的改革之后，为了充分保护农民的利益不受损害而不断扩大集体权力下放的范围，导致集体经济组织对集体土地所有权和相关权能行使的弱化。

我国目前开展的宅基地退出大多是“主动－被动”的形式，即以政府为主导，农民被动接受。政府对于宅基地退出的各个环节，如宅基地退出政策的提出、方案规划、政策实施和受益的分配等有决定权。现行的宅基地退出制度对于所涉及的各方都有好处：宅基地退出使政府可以对退出后的土地进行整治，解决宅基地粗放利用的现状，达到土地集约使用的效果，缓解城镇建设用地紧张的压力，同时农民退出宅基地后能得到一笔补偿，也可以缓解农民的经济压力，为农民生活提供支持。客观上说，政府主导的宅基地退出方式虽然忽略了农民的主体性地位，稍有不慎，在执行过程中，农民的合法权益易遭受侵犯，但解决了农民自愿退出行为的低效率问题。

二、农户层面

（一）农业转移人口恋土情结重，宅基地保有成本低

乡土情结与农户传统的农业生产方式和居住方式相关。宅基地制度与家庭承包经营制度是一项高度匹配的制度安排。农民作为宅基地退出的主体，对传统的农业生产方式和居住方式更为依恋，对宅基地有很深的情感，大多数农业转移人口对宅基地有着难以割舍的乡土情结。乡土情结是农户选择性偏好中不可忽略的一部分因素，这是农业转移人口宅基地退出的心理困境。乡村人口向城镇转移已经成为一股不可逆转的大势潮流，在这样的背景下，乡村人口进入城镇生活意味着农户传统生产生活方式的改变，农户能否适应城镇生活，对于其宅基地退出的行为决策具有一定的影响。然而城乡文化的巨大差异，让大多数农业转移人口在城镇很难找到归属感，长期农村生产生活形成的独特乡土偏好使农业转移人口喜欢把农村视为永远的家。在农村长期生活形成的乡土情结会固定下来长期伴随着农户，甚至农户的生产生活行为发生变化时，这种情结也依然存在，而且随着年龄的增长这种情结会体现得越来越明显，乡土情结会导致进城农户即使能在城镇获得稳定的收入和保障，也不愿意放弃农村的宅基地，阻滞了宅基地退出政策的实施。

另外，农民是无偿拥有农村宅基地使用权的，宅基地上的房屋归农民所有，所以农民将宅基地看作自己住房的一部分，而不是区分对待它们。对于产权明确的宅基地，宅基地怎样使用由农民自己决定，任其闲置也不用支付费用，恋宅的心理使其对宅基地退出具有一种抗拒心理。同时，农户在村里的宅基地主要是以继承的方式得到，一些农户认为宅基地一代又一代的继承下去是家族延续和传承的象征。基于这种恋土、传承的情节以及广西的闲置宅基地管理没有详细的处理方法，农民保有宅基地的成本低等原因，即使其在农村的房屋使用率很低，农户也不愿意退出宅基地。随着城乡统筹发展步伐的加快，宅基地的资产增值功能慢慢显现，农业转移人口在恋土情结之外逐渐地意识到宅基地蕴藏的巨大经济价值，退出宅基地变得越来越谨慎，期望获得更多的经济利益。

（二）农户半自愿退出

易地扶贫搬迁是广西宅基地退出的方式之一，要求整村的农户一起搬出现在的村庄到政府建立的安置房居住。当一个村庄中的农业转移人口数量占多数，并且这些农业转移人口退出意愿都很高时，村庄中那些依靠土地一直在乡下从事农业生产劳动的村民可能也会被迫退出宅基地，农户自愿退出宅基地变成了半自愿退出。原因是当村庄中的绝大多数村民都退出宅基地后，如果只有少数几户人家继续留在村子里，那这几户村民可能面临供水供电难以保障的问题，村中公共基础设施供给匮乏，政府的基础设施（如公路）难以覆盖，村民的生活条件不仅无法得到改善，而且还会面临恶化的后果，因此即使没达到他们退出宅基地的条件，这些村民也只能选择跟随大众一起退出宅基地。这种退出宅基地的行为可能造成这一部分农民可能无法适应城镇生活、无法负担城镇生活高成本，最后造成“无地无产”后果。

三、制度层面

（一）宅基地发展权能缺失，收益分配不明确

宅基地退出，从表面上看是农户宅基地使用权和宅基地上房屋所有权的让渡，但实际上却是这种让渡行为背后的财产权益分配问题。财产权益分配的前提

是要明确划分不同主体之间的权责利边界，为财产权益分配提供依据，避免利益分配过程中可能出现的纠纷，减少成本。宅基地退出后的土地可能的利用方式有以下几种：利用土地增减挂钩政策来置换城镇建设用地的指标、国家征收土地成为国有建设用地、村集体经济组织的发展用地等，土地用途的改变表明土地所具有的价值也随之改变。根据广西现有的宅基地退出政策来看，由于政府和农户无法精确地预见未来可能发生的重要事件，因此无法对宅基地退出后各种条件下的发展权做出明确的规定和说明。在这样的情况下，当土地发展权的利益出现时，就会增加潜在利益相关者的机会主义倾向，导致收益分配不均。①例如，当农户退出的宅基地被转为建设用地时，随着城镇化与工业化的快速发展，这部分建设用地能够创造出巨大的经济效益，这些巨大的经济效益被政府与开发商获得，农户仅仅获得小部分的补偿，享有的集体土地利益绝大部分被剥夺②。

（二）宅基地保障功能的惯性

宅基地主要用于建造住房以解决农民的居住问题。宅基地制度是我国计划经济时代的产物，是我国土地制度的一项特殊安排，具有权利主体的身份性、权利客体的特定性、权利取得的无偿性、权利原始取得数量上的唯一性及面积、流通范围的严格限制性等基本属性，③发挥着住房保障的功能，保障农村村民不会失去基本的生存条件，维护了农村社会的稳定。因此，农村宅基地问题是敏感和复杂的，宅基地制度的改革涉及中央政府、地方政府、集体经济组织和农民个体多方之间的相互博弈，这就决定了宅基地制度改革和创新的道路必定是充满复杂性和艰巨性的。广西宅基地的改革实践是在维护宅基地保障功能的政策基础上做出的，如规定不能以农业转移人口退出在农村的宅基地作为其在城镇落户的条件、要尊重农户退出宅基地的意愿等，其目的就是为了防止农业转移人口在城镇遭遇失业或者其他一些使他们不能再继续在城镇生活的困难时能有退路，可以回到乡下生活居住，而不至于无家可归、居无定所，维持农村社会的稳定。地方政府为了维持宅基地保障功能的政策惯性，保持农村社会稳定，更多考虑的是如何在保证村民基本居住权的前提下，促进村民集中居住、提高土地资源利用效率，

---

① 黄健元，梁皓．农村宅基地退出制度的源起、现实困境及路径选择 [J]．青海社会科学，2017（6）．

② 邢姝媛．农村宅基地退出补偿机制建立研究——以陕西省为例 [J]. 中国农业资源与区划，2016（1）．

③ 张勇．农村宅基地制度改革的内在逻辑、现实困境与路径选择——基于农民市民化与乡村振兴协同视角 [J]. 南京农业大学学报（社会科学版），2018（6）．

而在宅基地制度改革的过程中，如何实现农民财产收入增加、促进农业转移人口市民化、提高农业农村现代化进程等方面的探索和取得的成效有限。

（三）宅基地退出及退出后社会保障制度不完善

在农村宅基地退出过程中，涉及宅基地退出相关主体的工作划分、宅基地使用权的回收、宅基地退出补偿等一系列的问题，工作的顺利实施需要科学可行的农村宅基地退出制度的支撑。目前广西尚未制定专项的农村宅基地退出制度，缺乏专门配套的农村宅基地退出的法律以及条例，农村宅基地退出程序和补偿标准有待统一、细化，导致宅基地退出在实践操作层面上遇到许多难以解决的现实问题，这在一定程度上致使农业转移人口宅基地退出的积极性不高。社会经济的不断发展导致各类建设用地的需求不断增加，为了满足经济发展用地的需求，我国农村宅基地的退出更多采取的是政府强制征收的方式，由于欠缺专门的详细法律，广西各地政府作为宅基地退出的执行主体，易造成追求“土地财政”和在宅基地退出工作中侵害农民的合法权益的现象，可能引发农民对宅基地退出后没有地方住、政策随时变化、退出后补偿不到位的顾虑，使农民对宅基地退出政策产生抵触的情绪。因此，在制度层面，广西宅基地退出制度还有待进一步完善。另外，宅基地退出工作涉及多个政府部门和农村集体经济组织，工作的开展需要协调各部门、各组织相互合作，共同进行。但在缺乏专项宅基地退出制度的指导下，各部门、各组织的职责分工不够明确，容易产生推诿，影响宅基地退出工作的效率。

目前，广西农村社会保障制度还比较落后，不足以保障农民进入城镇生活，是农村宅基地退出难以深入开展的一个深层次原因。广西农业转移人口宅基地退出现在面临着缺乏相关社会保障制度支持的困境。虽然现阶段新型城镇化趋势不断增强，但是城乡的社会保障制度还是有着很大的差距，城镇社会保障制度更为完善，农村社会保障制度则覆盖面狭窄、执行力度较弱，城乡发展不平衡。在城乡二元体制下，非农户口和农业户口享受的社会保障是不平衡的。拥有非农户口可以完全享受城镇的医疗、卫生、教育、住房保障等社会保障，而农业转移人口只能享有一部分的城镇社会保障福利，享受的权益不完整。社会保障制度的不平等待遇在一定程度上增加了农业转移人口的医疗、失业、教育等生活成本，城镇的高生活成本和低社会保障使农业转移人口难以在城镇生活下去。另外，农户若是退出宅基地意味着他们的身份不再是农村集体经济组织成员，将不再享有宅基地使用权。无法享受完整的城镇居民社会保障权益和失去农村住房保障的双重顾虑，导致农业转移人口主动退出农村宅基地的积极性不高，而是希望保留农村宅基地作为生活保障。

第七章

我国改革试点地区农村宅基地退出经验借鉴与启示

2015 年 2 月，国家确定了 33 个土地改革试点，其中重点开展宅基地制度改革试点工作的有江西省余江县、浙江省义乌市等 15 个县（市、区），本书选取这 15 个试点地区中改革成果较为显著的 5 个试点地区，以期为广西的宅基地退出研究提供一些经验借鉴及启示。

一、江西省余江县：宅基地改革的“样本”

余江县地处赣东北，土地面积 932.8 平方公里，人口 38.5 万人。下辖 11 个乡镇、7 个农垦场，116 个行政村，1040 个自然村，农户 7.3 万户。2015 年 3 月，余江县作为国家 15 个农村土地制度改革试点县之一，开始了宅基地制度改革探索。截至 2017 年 11 月，余江县已退出宅基地 28851 宗 3961 亩，其中有偿退出的有 5563 宗 944 亩，无偿退出的有 23288 宗 3017 亩。退出宅基地复垦 693 亩。极大地盘活了闲置、空闲的宅基地，彻底消灭了空心村，有效地保护了耕地资源，提高了土地利用效率，促进了土地节约集约利用。也为未来十五年农村农民建房宅基地需求预留了足够的空间。2017 年 7 月 7 日，《人民日报》刊载了江西余江县宅基地改革的典型做法和先进经验，并称其为宅基地改革的“样本”。

余江县的主要做法：一是“省、市、县、乡、村、组”六级联动；二是建立完善的村民事务理事会，并结合各村实际制定村规民约，全县 1040 个自然村分别任选乡贤、能人 4400 余名，发挥示范带头作用；三是坚持宣传发动，深入的宣传发动成效很大，全县上下进入了轰轰烈烈的改革中，出现了街头农民争议“不为私利为宅改”的奇观；四是科学编制规划，推进确权登记，采用“封闭培训、集中酝酿、民主协商”，就“宅基地退出、有偿使用、流转分配”，不断完善提炼，全县共出台了62个配套制度和政策，初步构建了县、乡、村宅基地制度体系。

余江县将原来杂乱无章的住房推倒退出，对村庄建设布局进行重新规划，严格依照规划调整宅基地，统一房屋建设风格，极大地改变了村庄风貌。同时，整合各项涉农资金，支持完善村庄公共服务设施和基础配套设施，建设美丽乡村，改善农村人居环境，缩小城乡居住环境差距。余江县宅基地改革，由党领导，依托村干、乡贤等基层力量，发挥村规民约的制约力量，以村民自治方式，探索出一条行之有效的改革道路。村干、乡贤带头表率，真心实意为村民办实事、办好事，赢得了村民信任，治理了农村风气，凝聚了民心。试点至今没有出现违建以及阻建、上访事件。余江县出台的22项宅基地管理办法及乡镇制定的11项宅基地退出运行办法，村组制定的7项实施办法，形成了一套系统完整的体系。这些制度来源于基层，实践在基层，具有很强的复制、推广性。

二、云南省大理市：宅基地改革结合本土旅游特色资源

一直以来，大理市最大的问题就是历史遗留的违规超建问题，并且长期存在审批及管理农村宅基地等方面的种种问题。作为历史悠久的旅游名城，特色民居层出不穷，但是这些民居大都缺乏统一规划，道路等基础设施又很落后，造成村容村貌脏乱差的现象，极大地影响了自然生态环境。

开展宅基地制度改革试点工作以后，大理市将自然生态环境保护作为宅基地制度改革的重中之重[①]，在大理市的每个乡镇及村落开展试点探索，结合自身特色并各有侧重，如海东镇石头村的探索宅基地自愿有偿退出、流转入股经营；银桥镇磻溪村的探索多种形式的宅基地有偿使用方式；大理镇龙下登村的探索宅基地使用权多用途流转与经营等。通过一系列整改，重新修建的道路将原有的老村庄与集中划片修建的新居分割两边，村民按照新规划重新建起的具有白族传统风格的民居成为极具特色的村庄风景。

大理市始终坚持“一户一宅”的基本原则，并在宅基地改革试点的基础工作上下大气力做到精益求精，大理市将入户调查、成员资格认定、宅基地有偿使用情况、每一户宅基地的法定面积与实际面积、农户实际意愿等大量的基础信息

① 叶红玲．“宅改”造就新农村——大理、义乌宅基地制度改革试点探析 [J]. 焦点，2018（5）：4.

通过登记册、图表、展板清晰地反映出来。大理市对闲置的宅基地、非本集体经济组织成员占有使用的宅基地、不符合土地规划或村庄规划的宅基地、自然生态保护范围内禁建的宅基地，均实行有偿退出。

在宅基地改革的过程中，作为宅基地所有者的村集体经济组织的权益也得到了体现，大理市政府出台的相关制度规定，对于小规模、多职业、一居多户和非集体经济组织成员，由于历史原因，通过继承房屋或其他手段占有使用宅基地的，由村集体经济组织一次性或每年收取使用费。大理市政府出台的相关制度还规定，使用农舍从事旅馆、餐饮等商业活动，或通过租赁或投资宅基地从事商业活动，根据宅基地现有的使用面积，由村集体收取土地收益调整基金。

大理市的宅基地改革取得了较好的成效，其最大的亮点就是充分结合了自身作为旅游城市的特点。通过宅基地改革，大理市不仅解决了历史遗留下来的大量超占、乱建宅基地等问题，并且使自然生态环境和乡村民族特色均得到了有效的保护，村容村貌也得到了极大的改善。

三、四川省泸县：分类推进的宅基地改革模式

四川省泸县的农业人口比例占总人口的88%，而农业转移人口数量占到县总人口的三分之一。这些农业人口转移就业的主要途径是劳务输出，通过劳务输出养家糊口的同时仍然保留着农民身份和土地，过着“候鸟式的半城镇化生活”[①]。可以说，泸县的情况代表了中国大部分农村的现象，大量农业人口进城务工，从而造成农村宅基地大量闲置。

泸县在农村宅基地制度改革中采取的主要做法是：首先根据土地利用总体规划，将土地分为传统农区、非传统农区、城镇规划区内的农村地区。对于传统农区仍然坚持贯彻落实“一户一宅”制度；非传统农区主要是指那些人均耕地少，第二和第三产业相对发达，配套设施较完善的地区，对这样的地区，在农户自愿的基础上，集中建设农村新型社区；在城镇建设用地规划范围内的农村地区，政府可按规划要求建设农民公寓等，农民可以通过宅基地置换公寓。这种分类推进的宅基地改革模式，探索了实现农民保障性住房的多种形式。

其次，建立宅基地有偿使用制度、宅基地有偿退出和内部流转机制，探索

① 郭冠南.农村“三块地”改革试点进展及思考——以四川省泸县为例[J].中国经贸导刊，2016（8）：55.

和创新宅基地退出后的利用方式以及农民和集体对宅基地权利的多种实现形式。

四、安徽省金寨县：宅基地改革与农村扶贫政策相结合

耕地资源紧张的安徽金寨县是我国33个农村土地制度改革试点中的唯一一个国家级贫困县，它将宅基地制度改革与扶贫搬迁等相关政策结合起来，发挥出政策的叠加效应，有力地促进了脱贫攻坚，让当地村民看到了实实在在的利益，助推了当地供给侧结构性改革和新型城镇化的进程。

安徽金寨县宅基地退出的方式是在科学规划村庄的前提下，鼓励自愿有偿退出。自愿退出农村宅基地或者自愿放弃申请宅基地的，不仅可以获得退出补偿和房屋拆迁补偿，还可以享受相应的优惠奖励政策。如果选择在该镇购买商品房并承诺不申请新的宅基地，将获得房屋拆迁补偿和购房补贴①。在老百姓眼里，安徽金寨县的宅基地自愿退出是一笔明白账，补偿和奖励等多种退出形式满足了农民的不同需求，使农民拥有完全的自主权②。

安徽金寨县宅基地的自愿有偿退出在老百姓看来，是一笔明白账，补偿加奖励，多种退出形式满足了农民不同的需求，让农民有充分的自主选择权，正如金寨县国土局副局长郑汉涛说的，想要让老百姓生活得更好，幸福指数更高，就要在实施工作的过程中把他们的想法考虑进去，并且要放在首位③。

五、浙江省义乌市：率先实施宅基地的“三权分置”

浙江省义乌市作为农村土地制度改革试点之一，2015年4月，在农村宅基地制度改革试点实施方案中，首先提出农村宅基地所有权、资格权、使用权“三权分置”的制度构想④。2016年4月，义乌市委、市政府出具了明确的文件“在实现宅基地所有权和保障集体经济组织的成员权利的前提下，允许宅基地使用权通过合法途径有条件转让”。

义乌市的宅基地制度改革的进行是与城镇更新、村庄更新结合开展的。在

① 《中国国土资源报》编辑部．安徽省金寨县农村宅基地制度改革试点调查[N]. 国土资源报，2017-03-27.
② 《中国国土资源报》编辑部．安徽省金寨县农村宅基地制度改革试点调查[N]. 国土资源报，2017-03-27.
③ 夏柱智．关于中部安徽、江西和湖北三省宅基地制度改革试点的评析[J]. 法治社会，2018（1）：20-21.
④ 叶红玲．“宅改”造就新农村——大理、义乌宅基地制度改革试点探析[J]. 焦点，2018（5）：9.

城镇更新中，将城镇规划范围内的城中村通过打造集聚新社区的方式来进行宅基地改革，并试行城镇居住权益面积置换；在村庄更新中，宅基地改革同时结合美丽乡村建设，从而推动农村更新改造，探索宅基地资格权有偿调剂和转让。

在宅基地产权方面，义乌市试图通过经济手段有条不紊地转让宅基地使用权，有序处理历史遗留问题。义乌市政府规定："对于超占面积少于36平方米、超建不超过一层的，列为轻微违法，经由村集体一次性收取20年的有偿使用费后，可允许农户办证。其他超占情形则属于严重违法，一律予以拆除。"义乌市政府还制定了试点政策，允许以合法方式转让宅基地。

在宅基地自愿有偿退出方面，为实现建设用地城乡统筹利用，义乌市积极探索宅基地有偿退出机制。主要是将农户自愿退出的宅基地等进行复垦或者再分配，经验收合格后规划为农村宅基地的，由村集体经济组织与农户谈判，回购价格参照宅基地基准地价确定；经验收合格后，可以转换为建设用地指数，即形成"集地券"。"集地券"可以通过金融机构申请抵押融资贷款，也可以在当地资源交易平台上通过多种方式公开交易，获得的收益在扣除成本后，在农户与村集体经济组织之间合理分配。

第八章

权益保障视域下促进农户宅基地退出的对策建议

我国正在进行的宅基地制度改革，不仅关系到农村发展问题的改革，同时也关系到农民权益的保障问题。中央政府在宅基地制度改革的过程中一直强调要尊重农民宅基地退出的意愿，不得以强制的手段要求农民退出宅基地。虽然现在宅基地退出的推进还面临着重重困难，但是任何改革总是会经历出现问题、解决问题的过程，办法总比困难多。在进行宅基地制度的改革时，不仅要考虑具体实践是否可行，还要注重保护农民权益不受侵害。最后达到宅基地制度改革和保护农民权益两者之间的相互促进。

一、政府引导，强化农民集体地位

（一）加强农户参与，设置合理补偿标准

任何改革都不是一蹴而就的，宅基地有偿退出也要经历一个漫长的渐进过程，正如国家其他领域的改革一样，宅基地有偿退出同样要按照“试点—评估—推广—调整”的模式逐步推进。目前宅基地有偿退出正处于试点阶段，各项配套制度和具体实施细则尚处在探索中，出现农民对于这一项改革不了解，对于宅基地价格不敏感以及补偿方式有待完善是整个发展过程必不可少的一个阶段。无论宅基地退出是农民自发的行为还是政府主导开展的土地制度改革的一个方向，信息不对称和有限理性总是存在的，改革中所涉及的任何一方主体都无法准确预料在改革的过程中会发生什么情况，因此宅基地有偿退出的改革只能慢慢逐步推进，不断积累经验教训，解决新旧制度的衔接问题，完善各项配套的制度，制定更加公平合理的补偿标准。在制度不断升级并且达到最优状态的过程中不断地引

导农户参与改革中，当农户对于这一改革措施的了解程度不断提高的时候，宅基地所具有的资产价值对于农民更加凸显，加上配套退出政策的完善使宅基地退出后农户的生活有保障，农户退出的意愿也会越高。

有偿退出的激励机制是宅基地退出的必然选择，补偿的价值在很大程度上决定了农民退出的意愿，当补偿的资金和方式达到农民的心理预期，宅基地退出工作可以顺利实施。宅基地退出的补偿标准应科学合理，并遵循以下几个原则。一是能够得到退出补偿的宅基地必须是合法取得的；二是补偿标准要适度，过高过低都会造成不平衡，过低会损害农户的利益，引发农户不满情绪，而过高又会增加政府的财政负担；三是不同的补偿方式的补偿标准总额应该基本相当，这样不会给农户在选择哪一种退出补偿方式时造成困扰，甚至出现一边倒的极端现象，能够使农户根据自身的情况选择到最适合自己的退出补偿方式。如今，单一的补偿方式已经无法满足农业转移人口的心理需求了，迫切需要政府设置多元化的农村宅基地退出补偿方式，提供多种补偿套餐以满足不同类型农业转移人口对宅基地退出的补偿需求。例如，“货币补偿”和“置地补偿”结合实施，给予退宅的农户部分资金并安排保障性住房，补偿的标准在参照市场价值的同时充分考虑农业转移人口的需求。同时，地方政府可以结合当地情况通过社会福利保障换取宅基地退出的做法进行补偿，给予农业转移人口相应的城镇社会福利保障，引导农业转移人口逐渐主动退出宅基地。在进行补偿时，政府不可强制性安排所有补偿，需给农业转移人口一定的选择机会，并勇于接受农业转移人口的监督，确保整个过程公开透明。同时，高度重视农业转移人口的反馈意见，在合法、公平的前提下，不断修改完善补偿套餐，最大限度地满足农业转移人口的合理的现实需求。

（二）强化集体经济组织作用，成立农民利益代表

由政府主导、农民被动接受的宅基地退出模式，虽然能够避免农民自发自愿行为下的宅基地退出低效率问题，但是这种方式也存在着农民无法参与到政策制定的过程中并合理表达自身诉求、农民主体性地位得不到体现、权益得不到有效保障的弊端。宅基地退出“主动—被动”模式存在的原因主要是村集体经济组织地位的弱化，无法发挥组织村民自治退出宅基地的作用。加之农民处于分散的个体状态，其综合素质不高，信息获取滞后，农民主体意识薄弱，农民个体参与

决策的经验不足，所以农民个体很难参与到政策的制定与决定过程中，成为弱势群体，无法表达自身诉求。因此，要强化集体经济组织在宅基地退出中的作用，提高集体经济组织的管理能力。在初期，大力向集体经济组织宣传国家宅基地退出方针政策，让集体经济组织对宅基地退出工作的重要性和必要性有充分的认识。培养和积累集体经济组织参与公共政策决策的经验，在政府制定地方宅基地退出政策的时候让集体经济组织参与到政策制定的过程中，代表农民发声，双方就宅基地退出中的问题进行沟通协商。政府也要转变传统的治理观念，在执行宅基地退出政策时，要适当放权而不是“包揽一切”，赋予集体经济组织相应的权力，发挥集体经济组织在宅基地退出中的作用。

（三）建立宅基地退出专项基金

宅基地退出是一项耗资巨大的工程，需要有充足的资金作为保障，可以考虑建立宅基地退出专项基金。专项基金可以由乡镇一级政府或相关部门统一管理，接受上级政府或相关业务部门的监督审查，以保证宅基地退出的实施过程中资金链的完整，以及资金的专款专用。所需资金主要有以下几个来源：一是地方政府向上级政府部门申请，争取得到相关的优惠政策以及资金支持；二是通过地方政府对财政预算的统筹分配，从地方各项土地收入中划出专款用于宅基地退出实施，如旧房改造基金、土地出让金等；三是将退出的宅基地复垦之后结余的建设用地指标流转产生的收益用于宅基地退出实施过程中的资金需求；四是注重资金整合，全面整合农业开发、土地整理、农房改造、增减挂钩、精准扶贫等方面资源，使资金向一线聚集、资源向一线整合、政策向一线倾斜，形成集聚效应，为宅基地退出工作提供资金保障；五是积极引进市场化运作，引导社会资金投入到宅基地退出的实施过程中。

二、加强政策宣传，弱化农户传统观念

由于20世纪80年代开展土地制度改革进行“分田到户”的历史原因，全国各地农村地区普遍存在“宅基地私有”的观念，这种观念在广西更是根深蒂固。这种观念的存在在很大程度上使得农民对宅基地退出有抵触心理，农民不愿参与到改革中，最终宅基地制度的改革也就无法顺利实施。

（一）进行宅基地制度宣传，严守“一户一宅”原则

首先，做好宅基地制度的宣传工作，让农民清楚地认识到宅基地所有权是属于村集体经济组织的，农民只是拥有宅基地的使用权，并且还要让农民清楚了解国家对于宅基地的规定。具体措施有：一是成立宣传队。对宣传队进行统一组织宣讲培训后，走村入户，面对面进行宣传，将政策讲清楚、说明白，向广大农户宣传宅基地退出的重大意义，调动农户的积极性，鼓励引导农户自愿退出宅基地；二是创造多样化的宣传形式，利用会议、标语、画册、电影、微信等传媒，全方位对所有村、组、户全体人员进行广泛深入的宣传。宣传宅基地改革的任务、目标、政策、好处等，扭转群众错误观念，营造改革氛围。

其次，坚守“一户一宅”的底线。在村集体确认宅基地所有权，借助村干部和村里德高望重的长辈，全面厘清宅基地相关利益，切实有效地解决宅基地的历史遗留问题，划清争议界线，确保宅基地使用权合理合法划分到每一户。针对超占的宅基地，政府与农户签订合同，明确超占的面积，等到将来分户建房、房屋拆迁时依法进行处理，并重新登记宅基地。加强对宅基地的监督管理，及时进行宅基地变更登记，为之后的宅基地退出提供可靠的信息资料。

在所得到的数据结果中发现，广西农业转移人口对于宅基地退出的有关政策知之甚少，表明政府对宅基地退出政策宣传力度不够。因此，政府要更加积极主动宣传宅基地退出的有关政策，让农业转移人口了解如果退出宅基地将会对他们带来哪些好处，让农户衡量其中利弊。对于已出台的政策保持持续性和稳定性，消除农户宅基地退出顾虑。一些农户担心宅基地退出的有关政策会随时变化，特别是补偿政策的变化，他们担心未来宅基地的价值会上升，宅基地退出的补偿也会比现在更高，不愿退出宅基地，所以要着重保持宅基地退出补偿政策的相对稳定性。对于担心宅基地退出后补偿不到位的顾虑，要求政府确定好公平合理的补偿标准，将宅基地退出后补偿发放的程序制度化，确保补偿款顺利发放至农户手中。

（二）增强农户对宅基地改革的认同感

根据二重理性理论，农业转移人口在做出是否退出宅基地的决策时会受到价值理性和工具理性的交互影响。受传统观念影响的农户其决策行为带有明显的

价值理性的特征，宅基地作为他们与农村的情感纽带，起着维系他们在农村的社会血缘关系的作用，农户不愿意退出宅基地。在无法弱化价值理性对农户影响的情况下，我们可以通过恰当的方法努力提高工具理性在农业转移人口做出决策时的影响比重来强化农户退出宅基地的意愿。作为理性经济人的农户如果能明显地感受到宅基地退出给他们带来的利益，他们会倾向于持续支持这种改革来确保已有价值的持续和累积，从而强化其退出意愿。因此，我国宅基地制度改革的探索应该围绕农户宅基地财产权益保护这一核心问题，逐步建立起长期稳定有效的宅基地治理机制，不仅要最大限度地激发宅基地财产功能，还要让农户切实参与到土地收益的共享之中，实现土地资源优化配置与公平目标的协调统一。宅基地退出收益共享制度的构建能够让农户共享改革发展成果，提高其在改革中的收益，以此抵消改革对他们带来的冲击，从而提高农户对宅基地退出改革的认同感增强退出意愿。

（三）落实职业技能培训，增强农户可行能力

在农村，宅基地一直以来都具有特殊的社会保障功能，发挥着维护农村社会稳定的作用。农业转移人口虽然进入城镇中工作和生活，但受到学历低、缺乏技能等各种原因的限制，大部分人在城镇中的工作不稳定，因此农业转移人口不愿意退出宅基地，他们担心失业后无家可归，希望可以把农村中的宅基地当作进城失败后的最后一道防线。基于此，可以从农业转移人口职业发展的角度来增强其退出宅基地的意愿。认真落实中央出台的各项关于农民工培训政策，通过加强农业转移人口职业技能培训，鼓励他们获取相关的职业资格证书和职业能力证书，让他们拥有一技之长，从而增强农业转移人口就业竞争力、提高其创业的能力、提升其可行能力，同时扩大基本公共服务覆盖率，帮助农户实现在城镇稳定就业或创业。随着农户在城镇中工作不确定性的下降，他们在城镇中生活的信心也会随之得到很大的提高，那么其退出宅基地的意愿也会提高。

三、完善宅基地退出制度安排

（一）宅基地发展权制度安排

关于宅基地退出后的发展权归谁所有的问题，现在学术界存在归国家所有、归集体所有和国家与集体兼有的争议。笔者认为，宅基地发展权的主体地位应归属农村集体经济组织所有，村集体经济组织、农民和国家三者共享发展权增值收益。根据制度经济学的观点，宅基地发展权是原有产权制度未加以考虑的一项权能，属于剩余权的范畴，制度经济学认为剩余权应该归属产权所有者①。我国农村宅基地所有权属于农村集体经济组织所有，那么宅基地的发展权的主体地位理应归农村集体经济组织所有。宅基地发展权作为宅基地所有权和使用权派生出来的一项权能，与农民权益保护息息相关。是故，农村集体经济组织作为宅基地所有者、农民作为宅基地的使用者、国家在宅基地用途转化过程中发挥的不可替代作用决定了宅基地发展权的增值收益应该在集体经济组织、农民和国家三者之间进行分配。针对现今宅基地发展权的主体地位归属国家所有、农村集体经济组织地位虚化的实际情况，要对集体经济组织“还权赋能”，恢复集体经济组织原来的合法主体的地位，规定其职责，并且要划清其与村委会的职责界限，使这两者基层组织的职能分离，避免出现职能交叉或互相推诿责任的情况。

（二）宅基地“三权分置”制度

2018年，国家出台的宅基地有偿退出相关政策中不断明确提出“深化农村土地制度改革”“探索宅基地所有权、资格权、使用权‘三权分置’，落实宅基地集体所有权，保障宅基地农户资格权和农民房屋财产权，适度放活宅基地和农民房屋使用权”。目前宅基地退出政策是在保持宅基地发挥保障农村稳定功能的基础上做出的，要想走出这样一种政策惯性的困境，打破宅基地财产功能的限制性，促进农民市民化，更好地实施和实现乡村振兴的战略，就要紧紧抓住宅基地“三权分置”这一重要抓手。

首先，落实宅基地的集体所有权。长期以来我国宅基地实行无偿分配、无期限占有的制度安排，导致宅基地产权模糊，宅基地所有权本应属于农村集体经

① 黄健元，梁皓．农村宅基地退出制度的源起、现实困境及路径选择 [J]．青海社会科学，2017（6）．

济组织所有，但现在宅基地实际上已变成农户私有，农村集体经济组织的所有权被虚置，想要保护这种属于他们的“私有产权”不被剥夺的农户自然不愿意退出宅基地；另外，因为失去对宅基地处分权和收益权，农村集体经济组织自然也就缺乏回收农村闲置宅基地并加以盘活利用的动力。因此，要巩固农村集体经济组织作为宅基地所有者的地位，通过立法从制度上进一步赋予和强化农村集体经济组织对闲置宅基地回收和利用的权力。有了权力也就有了责任和动力，农村集体经济组织对长期闲置、废弃无人居住的宅基地进行无偿收回，整理后纳入村集体经营性建设用地的储备库中，同时农业转移人口可以委托村集体经济组织对自家闲置的宅基地进行统一经营，村集体经济组织通过引入社会资本与其合作、农业转移人口以闲置宅基地入股或出租的形式有效盘活闲置宅基地，这样可以增加农业转移人口的财产性收入，为其在城镇生活和购置城镇住房提供资金支持。

其次，要保障农业转移人口对宅基地的资格权。宅基地保障了农民在农村生活的基本生存权，要充分尊重农业转移人口退出宅基地的意愿。对于退出宅基地后农业转移人口的农民身份，应该规定一个时间期限，在这个期限内，如果农业转移人口在城镇生活遭遇变故，无法在城镇继续生活下去，他们仍旧可以在农村申请宅基地并在农村生活，不至于流离失所无家可归，以维护社会稳定。并且还要规定，农业转移人口在退出宅基地后在多长的一段时间内继续拥有土地承包权和集体收益分配权。

最后，要放活宅基地使用权。党的十九大报告首次提出，要实施乡村振兴战略，乡村要振兴的关键在于产业兴旺，要促进乡村一、二、三产业融合发展。实现乡村产业兴旺促进一、二、三产业融合发展除了要吸引更多的资本、技术和人才等要素到乡村发展创办企业外，最重要的是要激活包括宅基地在内的农村土地资源要素，让产业发展有依托。要扩大宅基地使用权转让的范围，让农业转移人口可以将自家闲置的宅基地及其房屋有偿有期限地转让给那些来到乡村创业或者就业的人使用，使农村空闲的房屋和宅基地得到有效盘活，同时还可以增加农业转移人口的财产收入。

（三）宅基地退出和社会保障制度

在宅基地退出方面，第一，要做好退出宅基地农户的资格审查，建立农户可以退出宅基地的标准，只要达到了这个标准的农户才可以退出宅基地。进行资格审查的目的，是防止一些农户因为从众心理或者其他一些缘故在未达到退出宅基地的标准下退出宅基地后，不能保证其有稳定的收入、固定的住所和必要的保障条件，进而面临着没有收入来源、没有地方居住生活失去保障的困境。

第二，拓宽宅基地融资渠道，提高宅基地补偿标准。借鉴征地补偿的经验，补偿标准若是太低农户无法接受的话，宅基地退出也极会引发社会矛盾。资金的稳定、融资渠道顺畅，是保障宅基地退出工作的物质基础。广西宅基地退出的运行资金基本上是政府筹集的，资金来源是区财政，筹集方式单一，这是宅基地退出补偿标准偏低的重要原因。因此，增加宅基地退出资金，拓宽融资渠道是扩大农村宅基地退出工作规模的必然要求。首先，各级政府需要增加财政资金对宅基地退出的补助，从本级管理使用的土地出让金中安排一些资金，专门设置农村宅基地退出资金，单独用于农村宅基地退出项目。其次，大力支持农村闲置宅基地的复垦工作，从耕地开垦费中抽取一部分专门奖励、补贴宅基地的拆除复垦。最后，通过构建宅基地市场交易平台拓宽融资渠道，引入市场资本筹集资金，吸引相关公司进入宅基地退出领域，在政府的有效监管下，达成共赢的局面。以上措施，将为农业转移人口农村宅基地退出提供稳定的资金来源，拓宽融资渠道。

第三，明确各部门职责，加强监管力度。广西在相关文件中没有规定各部门在具体退出宅基地工作上的具体职责，可能造成各部门之间相互推诿责任的情况出现。因此，明确宅基地退出工作中各个环节的负责部门及各负责部门的具体任务是非常重要的，这样做有利于各部门之间的相互合作、相互协调，减少冲突，保证宅基地退出工作可以有序进行，提高工作效率。此外，纪委部门还要加强对各部门的监管力度。

社会福利保障要先行于宅基地退出。我国的宅基地使用权兼具居住、养老等社会保障属性。农业转移人口在退出宅基地后，没有特殊情况的话，是不能再次申请宅基地使用权的，这就意味着其失去了原有的社会保障，所以需要完善社会保障制度保障其以后的生活。完善的农业转移人口社会保障制度，可以有效地替代宅基地保障。随着广西城乡统筹发展和社会主义新农村建设的加快，应逐渐建立起城乡一体化的社会保障制度，慢慢消除城乡的社会保障差异。农业转移人口职业多为农民工，就业具有不稳定性，要考虑农业转移人口失业后的非农就业问题。进行廉租房、经济适用房的建设，并且对这些房屋使用者的资格进行严格审查，让真正有需要的人申请到这些住房，当农业转移人口退出宅基地遭遇突发困难没有房屋居住时可以申请廉租房或者经济适用房。另外，随着在城镇居住及物价水平的不断上升，地方政府要充分考虑这些问题给农业转移人口的生活增加的成本，建立完善的社会保障机制。当就业、住房、医疗、教育等社会保障福利日渐完善，确保农业转移人口退出宅基地后不用担忧基本的生活保障，到时宅基地的社会保障功能将渐渐弱化，农业转移人口退出宅基地的意愿会越来越强，进而促进宅基地的退出。

参考文献

[1] 魏后凯，刘同山．农村宅基地退出的政策演变、模式比较及制度安排 [J]. 东岳论丛，2016，37（9）.

[2] 邹谢华，马俊科，张国桥．宅基地退出现状分析与政策建议 [D]. 武汉：华中农业大学，2014.

[3] 黎俊彦，李烈平，李晓领．北流市国土资源局开展农村宅基地确权登记发证工作纪实 [J]. 南方国土资源，2012（11）.

[4] 黄璐水，罗海波，钟锋．贵州省农村宅基地退出的障碍因素调研与对策建议 [J]. 中国农业源与区划，2014（4）.

[5] 池鲜艳．浙江省农村宅基地退出问题研究 [D]. 杭州：中共浙江省委党校，2014.

[6] 吕军书，史梦阳．农户宅基地退出的价值、困境与实现路径 [J]. 学术探索，2016（12）.

[7] 吕军书．论社会保障性物权立法的价值取向及改革走向 [J]．理论与改革，2015（5）.

[8] 黄健元，梁皓．农村宅基地退出制度的源起、现实困境及路径选择 [J]．青海社会科学，2017（6）.

[9] 杨毅斌，蔡旻君．我国农村宅基地退出的政策演变 [J]．法制博览，2018（1）.

[10] 王静，于战平，李卉．农户宅基地退出意愿及其影响因素分析——基于王口镇和独流镇的调查 [J]．农村经济，2015（1）.

[11] 朱新华．户籍制度对农户宅基地退出意愿的影响 [J]. 中国人口•资源与环境，2014（10）.

[12] 杨玉珍．农户闲置宅基地退出的影响因素及政策衔接——行为经济学视角 [J]. 经济地理，2015（7）.

[13] 廖文敏．城镇化背景下农村宅基地退出机制研究 [D]. 福州：福建师范大学，2015.

[14] 彭小霞 . 农民权益保护视角下农村宅基地退出机制之完善 [J]. 农村经济，2015（4）.

[15] 郭贯成，戈楚婷 . 推拉理论视角下的农村宅基地退出机制研究——基于南京市栖霞区农户意愿调查 [J]. 长江流域资源与环境，2017（6）.

[16] 杨保勤，陈景春 . 农村宅基地使用权退出的现实风险、法治理念和路径选择 [J]. 现代经济探讨，2015（10）.

[17] 张云 . 福建省农村宅基地退出与补偿之法律困境与路径选择 [J]. 洛阳理工学院学报（社会科学版），2015（2）.

[18] 李亚莉，李金阳 . 河北省农村宅基地退出路径研究 [J]. 农业开发与装备，2018（1）.

[19] 陈藜藜，宋戈，邹朝晖 . 经济新常态下农村宅基地退出机制研究 [J]. 农村经济，2016（7）.

[20] 孙雪峰，朱新华，陈利根 . 不同经济发展水平地区农户宅基地退出意愿及其影响机制研究 [J]. 江苏社会科学，2016（2）.

[21] 朱明芬 . 农村宅基地产权权能拓展与规范研究——基于浙江义乌宅基地“三权分置”的改革实践 [J]. 浙江农业学报，2018，30（11）.

[22] 张勇 . 农村宅基地制度改革的内在逻辑、现实困境与路径选择——基于农民市民化与乡村振兴协同视角 [J]. 南京农业大学学报（社会科学版），2018，18（6）.

[23] 傅熠华 . 农民工农村宅基地退出的决策逻辑——基于全国 2328 户农民工家庭的实证研究 [J]. 经济体制改革，2018（6）.

[24] 叶剑锋，吴宇哲 . 宅基地制度改革的风险与规避——义乌市“三权分置”的实践 [J]. 浙江工商大学学报，2018（6）.

[25] 杨青贵 . 进城落户农民宅基地权益保护的现实表达与制度回应 [J]. 重庆大学学报（社会科学版），2019（3）.

[26] 黄征学 . 我国城镇化进程中的土地制度变迁 [J]. 宏观经济管理，2018（11）.

[27] 周小平，高远瞩 . 改革开放 40 年中国农村宅基地管理政策演进与前瞻——基于宅基地相关政策的文本分析 [J]. 河海大学学报（哲学社会科学版），2018，20（15）.

[28] 耿卓 . 宅基地使用权收回的流程规范 [J]. 交大法学，2018（4）.

[29] 刘双良 . 宅基地“三权分置”的权能构造及实现路径 [J]. 甘肃社会科学，2018（5）.

[30] 王兆林，杨庆媛，骆东奇 . 农民宅基地退出差异性受偿意愿及其影响因素分析 [J]. 中国土地科学，2018，32（9）.

[31] 高海 . 宅基地使用权继承：案例解析与立法构造 [J]. 东方法学，2018（5）.

[32] 刘探宙，杨德才 . 农村三项土地制度改革的推进模式与叠加效应研究——基于泸县的实证

研究 [J]. 农村经济，2018（8）.
[33] 龚宏龄 . 农户宅基地退出意愿研究——基于宅基地不同持有情况的实证研究 [J]. 农业经济问题，2017（11）.
[34] 邹伟，王子坤，徐博，等 . 农户分化对农村宅基地退出行为影响研究——基于江苏省 1456 个农户的调查 [J]. 中国土地科学，2017（5）.
[35] 宋戈，徐四桂，高佳 . 土地发展权视角下东北粮食主产区农村宅基地退出补偿及增值收益分配研究 [J]. 自然资源学报，2017，32（11）.
[36] 邓梅娥，张安录，陈红兵 . 基于集体土地产权权能的农户宅基地退出意愿：上海松江、金山区的实证分析 [J]. 中国生态农业学报，2017，25（9）.
[37] 庄开明，黄敏 . 完善农村宅基地退出与补偿机制的思考 [J]. 农村经济，2017（7）.
[38] 徐四桂，宋戈，黄善林，等 . 农村宅基地退出补偿的经济学分析 [J]. 中国农业资源与区划，2017，38（5）.
[39] 万亚胜，程久苗，吴九兴，等 . 基于计划行为理论的农户宅基地退出意愿与退出行为差异研究 [J]. 资源科学，2017，39（7）.
[40] 胡银根，王聪，廖成泉，等 . 不同治理结构下农村宅基地有偿退出模式探析——以金寨、蓟州、义乌 3 个典型试点为例 [J]. 资源开发与市场，2017，33（12）.
[41] 于伟，刘本城，宋金平 . 城镇化进程中农户宅基地退出的决策行为及影响因素 [J]. 地理研究，2016，35（3）.
[42] 夏敏，林庶民，郭贯成 . 不同经济发展水平地区农民宅基地退出意愿的影响因素——以江苏省 7 个市为例 [J]. 资源科学，2016，38（4）.
[43] 张勇，汪应宏 . 农村宅基地退出补偿研究综述 [J]. 中国农业大学学报，2016，21（3）.
[44] 王敏，诸培新，张建 . 农地流转对农户宅基地退出意愿影响研究——基于江苏省 855 户农户的调查结果分析 [J]. 南京农业大学学报（社会科学版），2016，16（4）.
[45] 王兆林，杨庆媛，王娜 . 重庆宅基地退出中农民土地收益保护研究——基于比较收益的视角 [J]. 中国土地科学，2016，30（8）.
[46] 张婷，张安录，邓松林 . 期望收益、风险预期及农户宅基地退出行为——基于上海市松江区、金山区农户的实证分析 [J]. 资源科学，2016，38（8）.
[47] 邢姝媛 . 农村宅基地退出补偿机制建立研究——以陕西省为例 [J]. 中国农业资源与区划，2016，37（1）.
[48] 高欣，张安录，李超 . 社会保障，非农收入预期与宅基地退出决策行为——基于上海市金

山区、松江区等经济发达地区的实证分析 [J]. 中国土地科学，2016，30（6）.

[49] 刘同山 . 农村宅基地制度改革：演进、成就与挑战 [J]. 农林经济管理学报，2018（6）.

[50] 黄心怡，赵小敏，郭熙，等 . 基于多因素综合评价法的农村宅基地定级研究——以江西省潢溪镇为例 [J]. 江西农业大学学报，2018（6）.

[51] 张雅婷，高文文，张占录 . 宅基地发展权的配置模式与转移方式 [J]. 价格理论与实践，2018（11）.

[52] 韩楠 . 论农村宅基地使用权继承制度改革的风险防范 [J]. 农业经济，2018（12）.

[53] 王海鹏 . 新型城镇化进程中农民财产权益的损害与保护 [J]. 西安财经学院学报，2018（6）.

[54] 朱明芬 . 农村宅基地产权权能拓展与规范研究——基于浙江义乌宅基地“三权分置”的改革实践 [J]. 浙江农业学报，2018（11）.

[55] 陈振，罗遥，欧名豪 . 宅基地“三权分置”：基本内涵、功能价值与实现路径 [J]. 农村经济，2018（11）.

[56] 张勇 . 农村宅基地制度改革的内在逻辑、现实困境与路径选择——基于农民市民化与乡村振兴协同视角 [J]. 南京农业大学学报（社会科学版），2018（6）.

[57] 傅熠华 . 农民工农村宅基地退出的决策逻辑——基于全国 2328 户农民工家庭的实证研究 [J]. 经济体制改革，2018（6）.

[58] 张博胜，杨子生 . 易地扶贫搬迁项目区土地利用合理性评价 [J]. 农业工程学报，2018(22).

[59] 冯应斌，蒋丹桂，张丽 . 侗族村寨聚居空间演变特征分析——以贵州黎平高寅侗寨为例 [J]. 西南师范大学学报（自然科学版），2018（11）.

[60] 胡银根，吴欣，王聪，等 . 农户宅基地有偿退出与有偿使用决策行为影响因素研究——基于传统农区宜城市的实证 [J]. 中国土地科学，2018（11）.

[61] 常城 . 构建农村宅基地管理政府权力清单制度的政策建议 [J]. 农业经济，2018（11）.

[62] 叶剑锋，吴宇哲 . 宅基地制度改革的风险与规避——义乌市“三权分置”的实践 [J]. 浙江工商大学学报，2018（6）.

[63] 龙圣锦，陶弈成 . 农村宅基地使用权抵押的权属障碍与破解路径 [J]. 现代经济探讨，2018（11）.

[64] 黄征学 . 我国城镇化进程中的土地制度变迁 [J]. 宏观经济管理，2018（11）.

[65] 邢伟 . 产权——乡村振兴新动能 [J]. 河北经贸大学学报，2018（06）.

[66] 张斌 . 习近平深化农村土地制度改革的重要论述研究与现实思考 [J]. 毛泽东邓小平理论研究，2018（10）.

[67] 周小平，高远瞩 . 改革开放 40 年中国农村宅基地管理政策演进与前瞻——基于宅基地相关政策的文本分析 [J]. 河海大学学报（哲学社会科学版），2018（5）.
[68] 孙秋鹏 . 宅基地征收中“钉子户”与地方政府行为分析 [J]. 北京社会科学，2018（10）.
[69] 夏松洁，黄明儒 . 农村宅基地“三权分置”改革的政策阐析与立法完善——基于中央农村工作会议精神的思考 [J]. 中南民族大学学报（人文社会科学版），2019（5）.
[70] 王向阳 . 超越“保障权”与“财产权”：宅基地改革的治理路径探析——基于江西“余江宅改”的案例分析 [J]. 理论与改革，2019（5）.
[71] 王良健，吴佳灏 . 基于农户视角的宅基地空心化影响因素研究 [J]. 地理研究，2019（5）.
[72] 卢青青 . 资本下乡与乡村治理重构 [J]. 华南农业大学学报（社会科学版），2019（5）.
[73] 赵延安，张蚌蚌 . 我国封建社会土地法律制度演替及当代启示 [J]. 西北农林科技大学学报（社会科学版），2019（5）.
[74] 陈广华，罗亚文 . 乡村振兴背景下宅基地资格权研究 [J]. 安徽大学学报（哲学社会科学版），2019（5）.
[75] 于晓华，钟晓萍，张越杰 . 农村土地政策改革与城乡融合发展——基于中央“一号文件”的政策分析 [J]. 吉林大学社会科学学报，2019（5）.
[76] 殷一博 . 新一轮农村土地制度改革的逻辑解析 [J]. 兰州学刊，2019（9）.
[77] 金细簪，周家乐，储炜玮 . 三权改革背景下土地权益与农民永久性迁移分析——来自浙江 4 个县市 4 个行政村的实证 [J]. 人口学刊，2019（5）.
[78] 朱晓杰 . 农村宅基地使用权抵押贷款对农户收入影响：实证与解释 [J]. 金融理论与实践，2019（9）.
[79] 孙鹏飞，赵凯，贺婧 . 农村人口老龄化、社会信任与农户宅基地退出——基于安徽省金寨县 614 户农户样本 [J]. 华中农业大学学报（社会科学版），2019（5）.
[80] 钱龙，陈方丽，卢海阳，等 . 城市人“身份认同”对农村宅基地使用权流转的影响研究——基于浙江温州农户的调查 [J]. 农业技术经济，2019（8）.
[81] 吴爽 . 农村宅基地退出实践的法律反思 [J]. 学习与实践，2019（8）.
[82] 汪明进，赵兴泉，黄娟 . 农村宅基地“三权分置”改革的经验与启示——基于浙江省义乌市的实践视角 [J]. 世界农业，2019（8）.
[83] 荣晨 . 土地要素市场化改革：进展、障碍、建议 [J]. 宏观经济管理，2019（8）.
[84] 高圣平，吴昭军 . 宅基地制度改革的试点总结与立法完善——以《土地管理法》修订为对象 [J]. 山东社会科学，2019（8）.

[85] 杨一介．论农村宅基地制度改革的基本思路 [J]. 首都师范大学学报（社会科学版），2019（4）.

[86] 刘宇晗，刘明．宅基地“三权分置”改革中资格权和使用权分置的法律构造 .[J]. 河南社会科学，2019（8）.

[87] 李欢，张安录．农村宅基地退出前后农户福利测度及其动态变化——以浙江省德清县 201 户农户为例 [J]. 农业技术经济，2019（7）.

[88] 杨遂全．论集体经营性建设用地平等入市的条件与路径 [J]. 郑州大学学报（哲学社会科学版），2019（4）.

[89] 汪杨植，黄敏，杜伟．深化农村宅基地“三权分置”改革的思考 [J]. 农村经济，2019（7）.

[90] 臧俊梅，许进龙，宁晓锋．农户宅基地整治中权属调整的决策逻辑——基于广东省的实证研究 [J]. 经济体制改革，2019（4）.

[91] 付宗平．乡村振兴框架下宅基地“三权分置”的内在要求与实现路径 [J]. 农村经济，2019(7).

[92] 黄健雄，郭泽喆．农村集体土地“三权分置”普遍性问题及其立法应对 [J]. 宁夏社会科学，2019（4）.

[93] 冯应斌，孔令桑，任瑞英，等．苗族村寨聚居空间特征及其重构策略分析——以贵州雷山县雀鸟苗寨为例 [J]. 西南师范大学学报（自然科学版），2019（7）.

[94] 陈璐，黄善林．基于宅基地制度改革的贫困农户住房保障及其对策研究——以黑龙江省 9 县（区）3370 户农户为样本 [J]. 求是学刊，2019（4）.

[95] 杜宇能，徐友谅．城乡融合视角下宅基地流转范围的改革路径研究 [J]. 农业经济，2019(7).

[96] 高海．宅基地“三权分置”的法实现 [J]. 法学家，2019（4）.

[97] 高圣平．宅基地制度改革与民法典物权编纂——兼评《民法典物权编（草案二次审议稿）》[J]. 法学评论，2019（4）

[98] 林超，吕萍．乡村振兴背景下集体居住用地住宅开发探索与实践——基于北流、泽州、长垣试点 [J]. 世界农业，2019（7）.

[99] 王良健，吴佳灏．基于 IAD 模型的空心村治理农户参与意愿分析 [J]. 经济地理，2019（8）.

[100] 余永和．农村宅基地退出试点改革：模式、困境与对策 [J]. 求实，2019（4）.

[101] 苟正金，吴炜．宅基地使用权退出法律规制研究——以江西省某县为调查对象 [J]. 西南民族大学学报（人文社科版），2019（7）.

[102] 董新辉．新中国 70 年宅基地使用权流转：制度变迁、现实困境、改革方向 [J]. 中国农村经济，2019（6）.

[103] 胡银根，余依云，王聪，等 . 基于成本收益理论的宅基地自愿有偿退出有效阈值——以改革试点区宜城市为例 [J]. 自然资源学报，2019（6）.
[104] 栗滢超 . 乡村振兴视角下农村宅基地有偿退出影响因素分析 [J]. 经济经纬，2019（5）.
[105] 李川，李立娜，刘运伟，等 . 泸县农村宅基地有偿使用制度改革效果评价 [J]. 中国农业资源与区划，2019（6）.
[106] 曾旭晖，郭晓鸣 . 传统农区宅基地“三权分置”路径研究——基于江西省余江区和四川省泸县宅基地制度改革案例 [J]. 农业经济问题，2019（6）.
[107] 杨志航 . 宅基地使用权抵押问题研究 [J]. 行政管理改革，2019（6）.
[108] 孟昱含，吕军书 . 农户对宅基地法律制度的认知度调查及政策建议 [J]. 农业经济，2019（6）.
[109] 眭睦，韩纪江 . 农村宅基地的现状及其闲置问题——基于宁夏的考察 [J]. 农业经济，2019（6）.
[110] 宋志红 . 宅基地“三权分置”：从产权配置目标到立法实现 [J]. 中国土地科学，2019（6）.
[111] 张勇 . 乡村振兴背景下农村宅基地盘活利用问题研究 [J]. 中州学刊，2019（6）.
[112] 阮梅洪，陈希周，马永俊 . 宅基地价值化与宅基地制度改革——以义乌市城乡新社区集聚建设为例 [J]. 规划师，2019（10）.
[113] 张军涛，张世政 . 农民特性、政策工具与宅基地功能——基于江西余江宅基地制度改革的分析 [J]. 农村经济，2019（5）.
[114] 杨卫忠 . 农村城镇化背景下宅基地使用权流转中农户羊群行为与后续效应研究 [J]. 农业经济问题，2019（5）.
[115] 姜楠 . 宅基地“三权”分置的法构造及其实现路径 [J]. 南京农业大学学报（社会科学版），2019（3）.
[116] 梁亚荣，钟文颢 . 共享农庄土地利用法律问题研究 [J]. 南京农业大学学报（社会科学版），2019（3）.
[117] 张睿 . 宅基地置换模式的正当性标准 [J]. 云南大学学报（社会科学版），2019（3）.
[118] 张占录，张雅婷，姚艳，等 . 土地发展权配置与转移理论对我国宅基地改革的启示 [J]. 学习与实践，2019（5）.
[119] 靳相木，王海燕，王永梅，等 . 宅基地“三权分置”的逻辑起点、政策要义及入法路径 [J]. 中国土地科学，2019（5）.
[120] 房建恩 . 乡村振兴背景下宅基地“三权分置”的功能检视与实现路径 [J]. 中国土地科学，